岩讲
全球胜任力

——来自清华—伯克利深圳学院的实践

宋 岩 著

经济管理出版社
ECONOMY & MANAGEMENT PUBLISHING HOUSE

图书在版编目（CIP）数据

岩讲全球胜任力：来自清华—伯克利深圳学院的实践/宋岩著. —北京：经济管理
出版社，2020.11
ISBN 978-7-5096-7654-7

Ⅰ.①岩… Ⅱ.①宋… Ⅲ.①研究生教育—研究 Ⅳ.①G643

中国版本图书馆 CIP 数据核字（2020）第 233118 号

组稿编辑：张　艳
责任编辑：丁慧敏　张莉琼　詹　静
责任印制：黄章平
责任校对：王淑卿

出版发行：经济管理出版社
　　　　　（北京市海淀区北蜂窝 8 号中雅大厦 A 座 11 层　100038）
网　　址：www. E-mp. com. cn
电　　话：（010）51915602
印　　刷：北京晨旭印刷厂
经　　销：新华书店
开　　本：720mm×1000mm /16
印　　张：11.75
字　　数：187 千字
版　　次：2021 年 1 月第 1 版　　2021 年 1 月第 1 次印刷
书　　号：ISBN 978-7-5096-7654-7
定　　价：68.00 元

致　谢
ACKNOWLEGEMENTS

　　献给在全球本地化进程中，热爱学术型研究生教育的人们。

自　序

在大深圳，想说天凉好个秋，好难，太难啦。

但疫情之年的立秋日，注定与众不同。早早地，我来到智园想把最后一批私人物品搬回大学城——梦开始的地方。

一直以为，民女不过近25公岁而已，离开待了5年的创业空间（智园），虽做不到决绝和断舍离，但挥挥手优雅告别，潇洒离场应该没有问题。显然，我高估了自己的情商，倚在吧台出口处，极目四望，21楼空空如也，阳台边几株夏草奄奄一息。一时间，我竟无语凝噎，往事的林林总总，深深浅浅，不思量，自难忘，才下眉头，却上心头。过去为了"不负韶华"，先负如来后负卿，现在为了新征程，又要"既往不恋，纵情向前"。

突然打个寒噤，却道天凉好个秋，欲说"害羞"，欲说还不休。

2015年的五一国际劳动节，任性的我不听劝阻一意孤行离开了博士后出站后工作了7年的平台，孤身一人来到大学城加盟崭新的清华—伯克利深圳学院（TBSI）。

2016年的五一国际劳动节，我和同道中人离开大学城到智园开始TBSI的创业（我一直把过去5年在TBSI的工作经历视为创业）。

在TBSI创业的日子里，印象深刻，终生难忘。没有专职秘书，没有独立办公室，没有周末，也没有所谓高校里令人羡慕嫉妒恨的冗长冗长的寒暑假，更没有高薪。

盼望着，盼望着，慢慢地，就一切都有啦，也就有了一切。有领导的信任和支持，有小伙伴废寝忘食加班加点日益高涨的创业热情，有被一个又一个活动和事件野蛮拉练成长起来的团队，及其高效产出和个人综合管理能力的迅速提升，有因为一直在成长永远长不大的快乐，有"职责所在，乐在其中"

的心态，当然也有黑白颠倒（由于和美利坚合众国存在时差，凌晨开会已成为常态）和无问西东（随时随地需要中英文双语转换）的工作模式。

5年后，学院的很多小伙伴都成长为可以独当一面的行家里手；陆续毕业的硕士和博士、出站的博士后正在成长为各行各业的翘楚和精英，还有那些"谈笑有鸿儒"的教师们，无论师德、师风还是治学为人都是"自强不息、厚德载物"的楷模，这样一个优秀的中外合作办学项目模式，不总结，貌似可惜；如果不是作为创业员工的我来分享，必有遗憾。

于是乎，在N次刚开头却又煞了尾的坚持中，码了这些文字，就是您手上的这本《岩讲全球胜任力——来自清华—伯克利深圳学院的实践》。

本书的体质是弱的，长得也不讨喜，更谈不上美丽，还请您多多包容。

与我而言：

莫听穿林打叶声，何妨吟啸且徐行。

竹杖芒鞋轻胜马，谁怕？一蓑烟雨任平生。

料峭春（秋）风吹酒醒，微冷，山头斜照却相迎。

回首向来萧瑟处，归去，也无风雨也无晴（情）。

宋 岩

2020年立秋日于南国清华园

目　录

Contents

第一章 绪 论

第一节 选题背景及介绍

随着经济全球化不断蔓延和渗透，各国政治、文化、教育和社会间的相互影响也不断增强。这种新的社会形态对人才的需求和培养也提出了更高的要求，"两耳不闻窗外事，一心只读圣贤书"的学习和教育方法已经满足不了社会的国际化和多元化发展趋势。相反，要适应社会发展的潮流，必须拥有开放的学习心态即"眼观四方，耳听八方"，与不同国家、不同文化和谐共处，汲取百家之长，从而最终能够一览众山小。能够与世界友好相处、有效对话、引领发展的能力被清华大学称之为全球胜任力，并将其作为学生培养的必要素养，从而使之成为 21 世纪真正需要的人才。清华大学自 2016 年首次提出全球胜任力以来，在理论构建和教学实践都做出了诸多探索。在理论上，清华大学提出了全球胜任力六大核心素养，从世界文化与全球议题、语言、道德与责任、自觉与自信、开放与尊重、沟通与协作几个层面培养学生的全球意识和成为引领者所具备的"软实力"。

在实践上，清华大学不仅设置了丰富的英文课程、海外交换和实习项目、双边科研项目和国际会议，还建立了三个国际合作教育实体项目，分别是苏世民学者项目、清华—伯克利深圳学院（以下简称 TBSI）和全球创新学院（以下简称 GIX）。以 TBSI 为例，这是清华大学与伯克利加州大学 30 多年来，不断加强合作的结晶。2014 年，两校在深圳市政府的大力支持下，强强联合，在深圳联合办学，设立了"双硕士学位项目"，开发了博士生联合培养的教学模式。TBSI 采用全英文的授课形式，清华大学和伯克利加州大学的双导师共同指导，加上频繁的学术互访和交流，目的是在中美两国先进的教育熏陶下，让学生具有强有力的全球竞争力：既有全球化的高度视野、过硬的专业知识基础，又具备与不同文化交流的良好沟通能力，为解决我国面临的世界级问题以及全球面临的共同问题贡献一分力量。经过近 5 年的不断探索，TBSI 沉淀的办学经验和培养教学实践，也将进一步围绕如何更有效地激发学生"全球胜任力"提供有益的思考和建议，从而回归教育的本质，培养出国家和时代需要的高素质、高眼界、高学历、国际化和多元化的卓越人才。

第二节　研究必要性

清华大学提出全球胜任力六大核心素养：世界文化与全球议题、语言、道德与责任、自觉与自信、开放与尊重、沟通与协作，从认知、个人和人际层面对在校的学生培养提出了全面的要求，包含了本科生、硕士研究生和博士研究生。针对全校的师生、基于六大素养框架开展的相关活动范围甚是广泛。自 2014 年清华大学与伯克利加州大学在深圳联合成立 TBSI 以来，主要面向的学生是硕士研究生和博士研究生。在这个国际化项目实际开展的教学活动实践中，笔者观察到研究生的培养期待和培养方法与本科生有着较大的差别。以英语使用能力为例，TBSI 是一个全英文的研究生培养项目，对学生的招收设置了较为严格的标准，希望经过筛选的学生入学后，能够快速适应英文授课、交流、科研的教学节奏，对学生英文文献阅读能力、英文学术书写和口头表达能力有较高的要求。英语被视为一种需要具备且熟练应用的基本能力，提升的空间主要集中在学术中的应用；而本科生阶段是英语能力打基础的阶段，英语还未上升到必备的生存能力。基于两者的不同，对本科生和研究生全球胜任力的培养方式方法也应该各有侧重点，比如，针对英语学习，本科生阶段的学生更需要诸如英语角、语言学习同伴、英语演讲能力锻炼等；而研究生阶段，学生更需要诸如英文文献有效阅读和学术论文写作等方面的指导。因此，很有必要将不同的学生群体进行分类，然后根据群体的特征，通过广泛的文献研究和学习，对师生进行深入访谈和调研，再结合教学开展的实践，探索更有针对性的培养方案，从而"对症下药"，合理利用教育资源，切实地服务好学生的发展需求，同时也满足时代和社会对人才的最新要求。

本书将本科生的通识教育及基本能力培养与研究生在某一领域精耕细作的学者素养区分开来，探究（学术型）研究生成为汇通中西的世界学者所倡导的全球胜任力，在原有的六大核心素养框架基础上，提出针对研究生群体的世界学者全球胜任力2.0版本的基本概念和框架。TBSI对学生全球胜任力的实证研究，对清华大学提出的六大核心素养进行了验证和补充，两者相得益彰。同时，清华大学和TBSI在学生全球胜任力培养方面做出的探索和实践，能够为我国其他高校在国际化教育提升方面提供有益的建议和启发。希望这样的探索也能突破时间和空间限制，围绕当代的高等教育如何与社会需求更好地结合，为如何更好地培养"世界级"人才和学者提供新思路。

第三节 本书结构

本书一共分为八章，第一章为绪论，从整体上介绍文章的重要性、整体构想和研究方法。第二章在正式开始研究全球胜任力之前，先从教育的根源对中西方教育理念进行了梳理和比较，包括西方最早的教育起源和理念、我国传统的教育思想以及中西教育理念的相同点和不同点。第三章是全球胜任力的文献综述和理论构建部分。由于国内对全球胜任力的研究还甚少，文献综述部分主要着眼于国际上的研究成果。因此，本章首先从西方早期对全球胜任力的研究和主要发展历程入手，节选和分析了重要的基本要素和理论框架；其次分析了我国全球胜任力培养的发展现状，主要是总结了清华大学自首次提出全球胜任力以来做出的理论和实践探索；最后从文献中分析了全球胜任力应具有区分度，具有分阶段、分层次培养和发展的总体趋势。第四章及第五章是基于 TBSI 关于研究生全球胜任力的实践和实证研究。第四章总结了近五年来，TBSI 从教学实践、师资、科研及外部环境如何围绕提升学生的全球胜任力展开。第五章从吸取 TBSI 办学经验而逐渐发展的清华大学深圳国际研究生院的规划愿景、整体架构和办学中的创新探索进行阐述。第六章对 TBSI 进行了实证研究，从教师和学生的角度，紧紧围绕清华大学提出的六大核心素养和本书提出的研究生四个培养指标展开研究和评价，并依据清华大学设计的全球胜任力场景测试，对 TBSI 的在校研究生进行了抽样测评。第七章是 TBSI 历年的办学成果总结，从各个角度进行了梳理，为创新型教育载体的新形式、新探索提供了探索思路。第八章是总体的结论回顾及未来展望。

第四节　研究方法

本书采用的研究方法主要是在充分文献研究的前提下，基于 TBSI 的案例分析，分群体进行实证研究的综合研究方法，旨在有合理论证依据的条件下，从各个角度深入解读研究生全球胜任力的培养理论和实践。

为了全面了解教师对全球胜任力的想法，本书采用了一对一的面谈方式，每次面谈时间不少于 30 分钟，从以下几个方面进行开放式的问答：

（1）全球胜任力的重要性和必要性；

（2）如何评价清华大学的六大核心素养；

（3）研究生和本科生全球胜任力培养的差异性；

（4）对新提出的针对研究生的全球胜任力培养方案评价；

（5）针对研究生全球胜任力的培养和提升的活动建议。

本书走访了 TBSI 的所有全时教师及多位在职教师，从各个角度探讨了研究生全球胜任力的必要性和实际开展的活动建议，并对本书提出的研究生全球胜任力框架提出了宝贵的修正意见。

针对学生群体，本书采用了线上问卷调查的形式，抽样调查了 124 名在校研究生。从三个部分进行了深入调查：学生个人基本情况（含年龄、性别、家庭情况等），对全球胜任力的认知评价情况和全球胜任力的十二个场景进行测试。

综合教师与学生群体对全球胜任力认知的共同点和不同点，本书提出实际展开全球胜任力相关指导和活动时，要综合考量不同参与者的需求，从中找到平衡点，从而能更好地贴合学生和老师的需求，最终实现资源的最有效利用，优先安排两者需求度最高、愿意参与度最高的活动。同时，教师与学生的不同关注点，也给教育工作者、高校管理者及政策制定者提供了一个思考的方向：对于教师十分关注，且关乎学校和学生长远发展，但还未引起学生关注的方向和活动，比如实验室安全问题，是否要采用更有效，甚至是更强有力的手法进行推行，从而保证教学科研活动的正常进行以及学校的长久运行。

第二章 中西方教育理念初探

第一节 西方"世界公民"起源及相关教育理念

古希腊哲学家第欧根尼（Diogenēs o Sinopeus，公元前 412~前 323 年）是犬儒学派的代表人物，崇尚简朴自然、无拘无束的生活方式，在他晚年的时候，曾有人问他是哪里人，他自称自己是一个世界公民，成为了"世界公民"（Cosmopolite）最早的提出者。第欧根尼理解的"世界公民"是"宇宙公民"，在他看来，"唯一的、真正的国家是宇宙""万物都是智慧之人的财产"，因此"世界公民"不局限于某个地域和国家，是宇宙的共同体。这也是为什么他认为世界上最好的东西是"言论自由"，政治和权威"不要挡住我的阳光"，即个人思想和言论的自由发展。

作为第欧根尼的师祖，苏格拉底（Socrates，公元前 469~前 399 年）崇尚民主自由，他热爱自己的国家，却也有对大自然通透的理解和大爱，也曾提及："我既不是一个雅典人也不是一个希腊人，只不过是一个世界公民。""希腊三贤"中的另外两位：柏拉图（Plato，公元前 427~前 347 年）和亚里士多德（Aristotle，公元前 384~前 322 年）在苏格拉底的启蒙下，不仅传承了老师民主自由和世界大同的思考方式，更是创办了世界上第一批大学，首次提出了完整的教育体系，他们注重抽象思维和逻辑思维的培养，引导学生理论结合实践，推崇音乐、体育、哲学、数学全面发展，并传达了分阶段培养，终身教育的指导思想，他们的诸多论著，如《理想国》《范畴学》

《形而上学》等都对后世产生了深远的影响。

这些早期的西方哲学家，在时代的打磨下，成为第一批"世界公民"，也是最早的一批教育学家，他们把宇宙、世界看成是一个整体，并把教育当成治国之本，用一生的实际行动去追求和传播真理（见图2-1）。

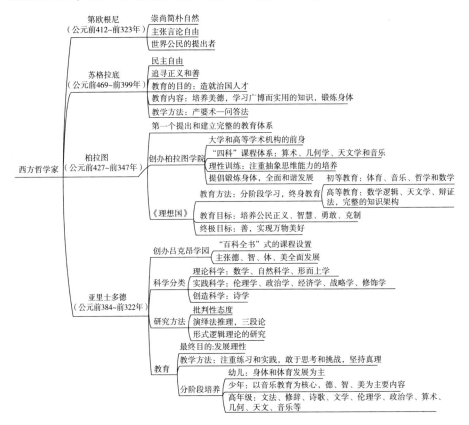

图2-1　西方哲学家教育观念

第二节　我国教育思想的历史发展

在中华五千年的历史长河中，中国历史上第一次文化"百花齐放"发生在春秋战国时期，当时的社会动荡，民族融合造就了一批有知识、有才干、

"生于忧患,死于安乐"的思想家和教育家。以"世界十大文化名人"之首孔子为例,他开创了私人讲学的良好教育风气,提倡"仁、义、礼、智、信",主张学生不分贵贱、不分国界,都能接受教育,在"因材施教"学习知识的同时,也应在诗、礼、乐中陶冶情操,养成温文尔雅的性格。他认为,教育的目的是培养治国从政的君子。学习优异、德才兼备的人,就应该走仕途,为国家贡献力量,努力实现天下大同。他的教育启蒙思想和著作不仅奠定了中国古代教育的理论基础,为当时的社会储备了一批治学治国的人才("弟子三千,贤者七十二"),更是被称为东方哲学思想的元祖,至今影响还很深远。孔子虽不曾曰自己是"世界公民",但他的思想已经超越了国界和时空,得到了世界各国学者的盛赞和推崇:

井上靖(日本学者):孔子不仅是中国文化的先哲,而且是全人类的老师。(《孔子》)

金益洙(朝鲜学者):孔子是万古圣人,也是东洋学问哲学思想的元祖。(《孔子诞辰 2540 周年纪念与学术讨论会论文集》)

爱默生(美国诗人、哲学家、思想家):孔子是哲学上的华盛顿,孔子是中国文化的中心,孔子是全世界各民族的光荣。(《孔学知识词典》)

罗素(英国哲学家、数学家):中国之文化基于孔子之学说。孔子学说关系建立一个中华大帝国。(《东西幸福观念论》)

罗素(英国哲学家、数学家):中国学术远在两千年前已灿然大备,若加以整理使之复兴,则影响世界,极为伟大,对于世界,必有特别贡献,最后中国或成为文化之中心。(《历代尊孔记·孔教外论合刻》)

伏尔泰(法国学者):东方找到一位智者。我全神贯注地读孔子的这些著作,我从中汲取了精华,孔子的书中全部是最纯洁的道德,在这个地球上最幸福、最值得尊敬的时代,就是人们遵从孔子法规的时代,在道德上欧洲人应当成为中国人的徒弟。(《哲学辞典》)

在孔子诸多的弟子中,孟子的造诣仅次于孔子,与孔子并称"孔孟"。孟子在继承孔子重要思想的同时,宣扬实行"仁政",以建立和谐融洽的理想社会,并首次提出"民贵君轻"的治国思想,他还提出了性善论,认为人生来就具备仁、义、礼、智四种品德,可以通过自省来保持和提升,不然就会丧失这些优良的善的品质。荀子继二人后提出"礼"和"法"的重要性,汲取了各家之长，提倡在重视礼义道德教育的同时，也强调政法制度的惩罚作用，教育的理念也更加注重逻辑和严谨性。他还是中国历史上提出要注重师资培养的第一人，对教师提出了严格的要求：要有尊严和威信，有丰富的经验和高尚的信仰，了解学习的道理且加以自我发挥，同时拥有广博的知识，注重循序渐进的教学方法。

与孔孟之道的儒家学派不同，但对中国教育也产生了深远影响的墨家学派算得上是中国历史上自然科学的奠基者。墨家学派的创始人墨子非常注重认识论的研究，逻辑学的钻研和科学领域的探究。他创立了几何学、物理学、光学等学科的基础概念和定义，提出了宇宙论，认为宇宙是一个整体，并形成了一套完整的科学理论，他在机械制造方面也颇有建树，熟悉兵器、机械、建筑的结构和制造，还发明创造了会飞的木鸟，即风筝。在教育思想方面，墨子推崇艰苦实践、服从纪律，他认为教育的目的有两个：一是通过让学生学习生产、军事、自然科学等锻炼实际的本领；二是通过教育"兴天下之利，除天下之害"（见图2-2）。

第三节 中西教育理念的异同

从教育的最终目的来看，中国的思想家提出教育旨在培养德才兼备的治国之才，国家由贤德之人来治理，国民遵循"仁""义""礼""善"，最终能够建立和谐融合、天下大同的理想社会。这一点在西方伟大的哲学家那里也得到了印证，无论是苏格拉底还是柏拉图，都提出教育的目的是造就治国人才，也是为了培养公民正义、智慧、勇敢的美德，最终实现"理想国"。墨子和亚里士多德都提倡理性和科学，有所不同的是，墨子认为学习科学本领是兴天下的家国情怀，亚里士多德更多是站在个人发展的角度。下面笔者顺着这个思路总结一下这批西方哲学家与中国思想家在思维上的异同：

中西教育理念共同点：教育不分国界和时间，不论贵贱，所有人都有平等接受教育的权利。教育的目的是培养两类人：有美德、有智慧、有仁义，全面发展的治国君子；遵循美德，追求正义和善行，广泛获取知识并结合实

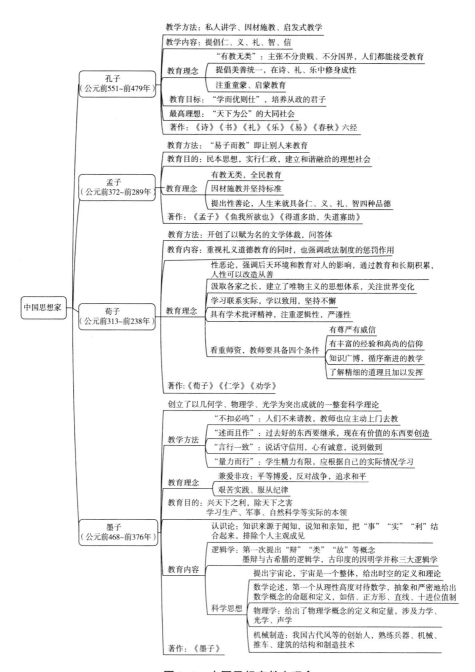

图 2-2　中国思想家教育理念

践的公民。

中西教育理念不同点：

（1）西方哲学家强调个人个性的发展和探索，追求思想与言论自由，终身学习、分阶段教育的教育理念。

（2）中国思想家强调个人修养，个人与家国的关系，提倡统一、和谐、仁义礼智、因材施教、艰苦实践的教育理念。

无论是"西方式"的哲学理念，还是"中国式"的思想教育，都表明了自己的开放性、兼容性和大一统的整体思维模式，这些早期宝贵的启蒙思想和成果，没有被限定在某个国家或地区，是全人类共同的思想财富，激发后世一代又一代的人从中受益，向着符合时代背景的、新型的"世界公民"不断努力。

第三章 全球胜任力全面解读及分析

第一节 全球胜任力在西方的早期发展

经过几千年的发展，科学革新让人们的生活发生了翻天覆地的变化，但没有改变"教育"这个永恒主题，如何培养符合时代需求的人才仍然是各国热衷的话题。虽然，教育的目的不再限于培养治国君子，而是扩展到了培养各行各业的领军人物，对于领军人物需要具备的基本素质和能力，也提出了新的要求。随着全球化不断地发展，国家不再是孤立发展的个体，而是相互影响的整体。全球胜任力的提出，既是当今"地球村"对世界公民的高度要求，也反映了在全球科学价值观统一的背景下，对"世界学者"型人才的渴求。尤其是随着中国逐渐走向世界舞台的中心，在习近平总书记提倡的"人类命运共同体"和"一带一路"倡议指引下，如何培养中西贯通，既能"走出去"又能"走进来"的世界型人才，同时还能如古圣先贤所说，德才兼备、道德仁义，成了我国当下培养人才最为迫切的任务。

全球胜任力的起源可追溯到 20 世纪七八十年代，最初关于它的研究还是一个初步和宏观的概念，主要与全球化的萌芽与不断发展息息相关。1982年，Robert Hanvey 在《一个可实现的全球化角度》（*An Attainable Global Perspective*）一文中主张通过教育训练"地球整体现状"的概念，并意识到人们所做的决定是受到不同文化及全球动态的影响的。教育的全球化尤为重要，培养具有全球化视野的多元化人才，需要从以下五个维度：

（1）意识的角度（Perspective Consciousness）；

（2）"地球现状"的整体概念（"State of the Planet" Awareness）；

（3）跨文化意识（Cross-Cultural Awareness）；

（4）全球动态的知识（Knowledge of Global Dynamics）；

（5）人们做决定的意识（Awareness of Human Choices）。

随后在 1988 年，美国在《全球胜任力教育：国际教育交流咨询委员会报告》（*Educating for Global Competence：The Report of the Advisory Council for International Educational Exchange*）中正式提出了"全球胜任力"的概念。1995 年，Baumgratz Gisela 在欧洲教育杂志上发表了《语言、文化和全球胜任力：关于含糊的随笔》（*Language，Culture and Global Competence：An Essay on Ambiguity*），强调了语言和文化的重要性，探讨了在欧洲的多语言环境中，如何定义和培养全球胜任力。他指出，欧洲与美国不同，其不是一个完整的国家，拥有不同的语言、高等教育、政治和经济体系，所以欧洲提出的全球胜任力需要考虑语言、文化、经济的多元化。他还提出"文化知识"（cultural knowledge）不是简单的内容认知，而是基于对文化的理解形成的一种价值判断。例如，如果要想让一名法国工程师和一名德国工程师无障碍地沟通合作，并不是将一些专业术语进行简单的语言翻译，而是要去了解他们的文化、教育与职业的关系。因此，多语言的习得和跨文化沟通能力应该是专业教育中不可或缺的一部分，基于欧洲复杂的文化环境，全球胜任力还有很长的路要走。从政治、经济、教育和文化多样化的角度来看，当前的全球化与欧洲的情况很类似，甚至更复杂，任重而道远。

从 2000 年开始，越来越多关于全球胜任力的研究开始专注于跨国职业能力的发展和学生的高等教育培养，尤其是工科学生的软实力的培养。2000 年，Jill Conner 发表了《培养明日之星的全球领导》（*Developing the Global Leaders of Tomorrow*），从跨国企业的角度探讨如何培养和发展成熟的管理领导人才，他提出，一名优秀的国际管理人才除了要具备商业头脑、个人影响力、鲜明的个性、创业精神，还要具有全球视野。

第二节 全球胜任力的基本要素及框架

2006 年，Jack R. Lohmann、Howard A. Rollins 和 J. Joseph Hoey 联合发表了《定义，发展和评估工程师的全球胜任力》（*Defining, Developing and Assessing Global Competence in Engineers*），他们指出工科生"软实力"的教育内容中，全球胜任力作为一项新的技能，对工程师尤为重要。因为在当今的国际社会需要的是国际工程师，不仅要求聪明的人干专业的事，还要求这些能工巧匠能够舒适自然地融入跨国的工程环境中。他们认为培养全球胜任力的三大基本要素是：熟练掌握第二外语，学习国际相关的课程和深入当地沉浸式的实践活动。无论学生是在哪里接受教育，这三大要素都是工科生本科教育必备的培养方向。为此，他们对多所美国高校的工科培养方案进行了分析，包括宾夕法尼亚州立大学、爱荷华州立大学、普渡大学、密歇根大学、匹兹堡大学和米尼苏达大学等，虽然那时美国高校还未强调全球胜任力的概念，但这些大学早就为培养 21 世纪的国际人才做了尝试和准备。比如，有些高校鼓励工科本科生在修读本专业的同时，修读另外一门语言（德语、法语和西班牙语）或者国际关系学的双学士学位，同时要求学生到国外参加调研、实习、交换学习，尤其重视与当地语言和文化的交流。伊利诺伊州大学和密西根大学甚至提供了工科教育的国际辅修专业项目，要求学生学习第二外语，即每个学生学两到三门外语，进行不少于六到八周的国外学习和考察实践。匹兹堡大学还会为学生提供相应的第二外语学习证明和国外考察实践证书。但作者也对这些培养方案提出了担忧，双学位的修读会不会影响这些学生的毕业？国际化的课程和实践是否和本专业的学习十分契合？三位作者认为佐治亚理工改良版的"国际计划"（International Plan）是一个比较好地把全球胜任力融入整个本科学习阶段，且与本专业紧密相连的案例。这个项目涉及了全球胜任力的三大基本要素，贯穿四年的本科学习阶段，且与本专业的学习基本吻合（见表 3-1）。参加项目的学生需要完成四个国际化相关的课程学习，至少一门国际关系、一门全球经济、一门特定国家的社会和文化学习和一门在国际化背景下，与学科相关或跨学科的高级课程学习，同时还包含第二外语的习得和两个学期（26 周，6 个月）的国外实践活动，沉浸式地在当地开展学习和实习，很多活动都在全球的佐治亚理工分校中进行。满足要求的学生会获得诸如"电气工程科学学士：国际计划"的毕业证书和相关课程证明。因此，全球胜任力的培养除了要紧密围绕这三大要素外，还要整体规划，与学生的专业学习紧密结合。

表 3-1　国际计划的一般要求

A. 课程要求。下列课程是国际计划的课程组成部分，这些课程提供补充国际经验的学术基础。

ⅰ. 至少有一门课程侧重于历史和理论上的国际关系，此外，还包括下列主题：国家主权和民族主义以及非国家行为者在国际体系中的作用；国际冲突、和平、安全、干预和国家建设；国际组织、法律和伦理；环境、恐怖主义、卫生和移民等跨国问题。

ⅱ. 至少有一门课程提供对全球经济的历史和理论理解，包括以下主题：国际贸易、金融、投资和生产；区域经济一体化（如欧盟）；经济发展和现代化；自然资源可持续性问题。

ⅲ. 至少有一门课程能让你熟悉另一个国家或地区，从而使你有系统地学习社会与文化的比较。本课程应直接与 C 部分中预期的海外经验的国际背景相关。

B. 第二语言的要求。学生必须在适当的水平上用英语以外的语言证明自己的能力。如果学生的母语不是英语，那么语言要求可以用母语来满足。

所有学生必须在两年的大学语言课程学习后，证明至少达到了预期的熟练程度。国际学习/工作经验（以下 C 部分）为英语以外语言的学生，必须在毕业时具备与"ACTFL 中级水平"相对应的熟练程度。

C. 国际经验的要求。需要两个学期的外国居住经验，必须以生活在当地的国际学术、研究或工作社区并沉浸其中。总共需要 26 周（6 个月）的积极参与。

该要求包括全日制学术研究、实习或研究。学术研究可以在佐治亚理工学院国际校区，在佐治亚理工学院国际合作机构或在教师指导的项目中进行。

资料来源：Lohmann J. R. , Rollins H. A. and Joseph Hoey J. Defining, developing and assessing global competence in engineers ［J］. European Journal of Engineering Education, 2006, 31 (1): 119–131.

2010 年至今，全球胜任力研究更加关注学生的培养，并逐渐的系统化、模型化，定义和评价体系也更加清晰和丰富。以美国哈佛大学教育学院的研究为例，2013 年，Mansilla、Jackson 和 Jacobs 发表了《全球胜任力教育：为一个相互联系的世界重新定义学习》（*Educating for Global Competence：Learning Redefined for an Interconnected World*）。面对经济全球化、数字革命、大量人口迁移和日益严峻的环境和气候问题，这个时代迫切地需要培养新型的人才。符合时代要求的学生，已不再是"两耳不闻窗外事，一心只读圣贤书"的闭门苦读，不再仅仅是掌握阅读、算术和科学这些基础的技能，而是对国际社会和问题的关切，能够超越本土界限，与其他国家和文化良好地沟通和交流，为人类的共同利益而奋斗。为什么全球胜任力对当下的年轻人尤为重要？主要是因为以下三个原因：①全球经济疲软和工作需求不断变化；②移民创造了多样化的文化和语言社会；③气候不稳定以及对全球环境管理日益增长的需求。这三个转型领域说明了我们所处的世界正在动态地转型中，并呈现出世界新的教育需求。

要成为一名优秀的国际学生和人才，必须具备四种能力：

（1）关心和调查自己熟知的环境以外的世界，发现和提出有意义的问题，并精心设计符合自己年龄阶段的研究；

（2）意识和体会他人与自己的观点，认真而有礼貌地阐明和解释这些观点；

（3）有效的与不同的、多元化的受众进行思想的沟通，跨越地理、语言、意识形态和文化障碍；

（4）采取行动改善条件，把自己视为世界的参与者，并进行反思。

基于这四种能力的分析，文中引用了《美国教育部国际教育战略 2012-2016》中由 Mansilla 和 Jackson 总结和发布的关于全球胜任力的框架如图 3-1 所示。

总结起来，全球胜任力的培养，是通过本专业和交叉学科不断学习，研究世界、识别观点、沟通思想和采取行动来实现和提升。

其实早在 2000 年，经济合作与发展组织（OECD）就开始启动一个国际学生能力评估计划（Program for International Student Assessment，PISA）。这个计划每三年定期评估超过九十多个国家刚刚结束义务教育的 15 岁孩子所具备的知识和技能。在项目最开始的时候，评估主要集中在阅读、数学和科学这三个学科上，每次评估各有侧重点，也会结合时代的需求，加入一些创新的元素，比如 2015 年，PISA 将"合作解决问题的能力"纳入了评估中，在 2017 年，里程碑式地将"全球胜任力"作为重点评估要素。为什么 21 世纪的青年和学生需要具备全球胜任力？因为我们需要在和谐多元的文化自由中生存，在不断变化的劳动力市场中茁壮成长，在不断发展的数字技术中合

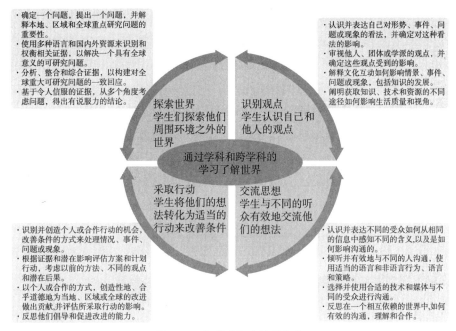

图 3-1 全球胜任力培养框架

资料来源：Mansilla V. B. , Jackson A. and Jacobs I. H. Educating for global competence：Learning redefined for an interconnected world ［R］. NY：Asia Society, 2013.

理有效地展现自己，在日益复杂的全球问题中寻求可持续地发展。

因此，OECD 认为全球胜任力的定义应该为：拥有多角度观点批判性地分析全球跨文化议题的能力；理解差异性是如何影响自我及他人的观点、判断与认知的能力；在尊重人性尊严的前提下，能开放、得体、有效地与不同文化背景的人沟通和互动的能力；为集体福祉和可持续发展提供动力的能力。

如图 3-2 所示，OECD 还建立起了全球胜任力四个维度的框架结构：

（1）知识（knowledge）。强调学生知识的多元化，对全球性问题和跨文化知识的理解和掌握，包括不同文化间的共同点、不同点和关联性。能研究和分析本国和全球的跨文化问题。

（2）技能（skills）。强调对世界的理解力和行动力。这里的技能定义为达到某一特定目标而进行的复杂有组织的思考模式或行为的能力。有良好的适应性、理解和欣赏他人的观点和世界观，有效地解决和管理冲突。

（3）态度（attitudes）。强调开放的态度、尊重不同文化背景的人，拥有

图3-2　全球胜任力四个维度的框架结构

资料来源：清华大学，http：//www.oecd.org/pisa/pisa2018global-competence.htm.

全球化思维。与不同文化背景的人进行有效的交流和互动。

（4）价值观（values）。强调人类的尊严和文化多样性，要求形成重视人的尊严和重视文化多样性的价值观。对自己及周围环境了解更加深刻，并积极地反对暴力、压迫和战争。为集体福祉和可持续发展采取行动。

第三节　我国全球胜任力的发展现状

与西方对全球胜任力的解读相比，我国虽然早已在经济全球化的影响下，意识到人才具有全球胜任力的重要性，并做了一些如何提高学生全球竞争力的研究和尝试，但真正将全球胜任力作为重要培养目标的学校却寥寥无几。清华大学的前身清华学堂，是在1911年设立的留美预备学校，一直坚持"中西融汇、古今贯通、文理渗透"的办学风格，也是国内最早提出将全球胜任力写进学校全球战略布局和培养方案中的。2016年，清华大学发布全球战略，确认了将培养学生全球胜任力作为目标之一。2018年4月27日，"清华大学学生全球胜任力发展指导中心"（以下简称全球胜任力发展中心）正式成立，旨在提高全校中外学生学习质量，推进全球胜任力融入清华人才培养全过程。清华大学学生全球胜任力发展指导中心将全球胜任力定义为：为走向世界做准备！为什么需要重视全球胜任力？当今世界已进入全球化时代，跨国界、跨文化合作交流频繁，诸如环境、能源与安全等挑战，更需要全球协作共同应对。如何做好准备，迎接未来的机会与挑战？答案就是培养"全球胜任力"，即在国际与多元文化环境中有效学习、工作和与人相处的能力。如图3-3所示，全球胜任力发展中心认为全球胜任力的提升，是一个持续的、终身学习的过程，需要在认知、人际与个人三个层面不断地探索发展六大核心素养：认知层面：世界知识与全球议题，语言；人际层面：开放与尊重，沟通与协作；个人层面：道德与责任，自觉与自信。

清华大学提出的全球胜任力六大核心素养层次分明，从意识形态到个人再到集体均有所涉及，而且首次提出了"终身学习"的概念，在以下几个方面与OECD的国际学生能力评估计划（PISA）有相互呼应的地方：

（1）PISA所定义的分析当地、全球和跨文化问题，清华大学细分成了"世界知识与全球议题"和"自觉与自信"，从全球认知和个人文化修养两个方面进行了阐述；

（2）PISA定义的与不同文化背景的人进行开放、得体和有效的互动与理解及欣赏他人的观点和世界观，清华大学放在了人际关系层面的"开放与尊重"和"沟通与协作"；

（3）PISA还提出为集体福祉和可持续发展采取行动，清华大学提出的"道德与责任"除了强调勇于承担责任推动人类可持续发展外，还强调了个人伦理道德、社会责任、职业道德等方面，这与中国先古圣贤所提倡的"仁、义、美德"和个人修养不谋而合，相得益彰。

在教学培养实践中，清华大学将全球胜任力的培养分成"本土国际化培养"和"海外学习与研究"。主要内容包括课程学习、学术研究与交流、实习实践和文化交流（见表3-2）。

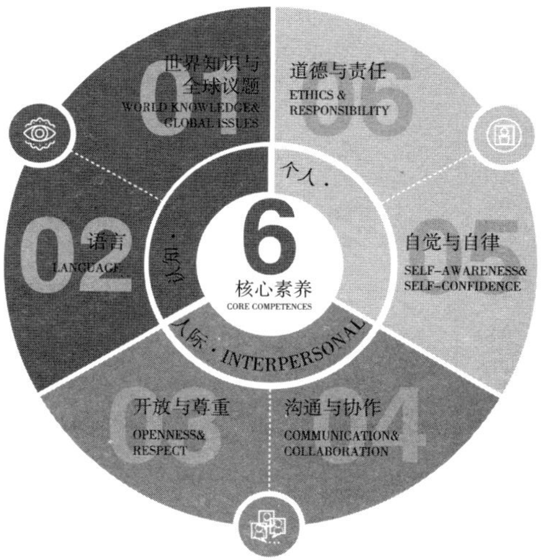

沟通与协作

具有合作精神和协调能力，能够与不同文化背景的人友好互动和交流；善于化解矛盾，能够在跨文化团队中发挥积极作用。

自觉与自信

深刻认识自己的文化根源与价值观，理解文化对个体思维和行为方式的影响；在跨文化环境中自信得体地表达观点，并通过不断自我审视来提升自我。

道德与责任

诚实守信，遵守社会伦理，恪守职业道德，坚持在重大事项上做出负责任的决策，勇于承担责任，推动人类可持续发展。

世界知识与全球议题

了解世界历史、地理，经济与社会发展的知识，理解不同国家的政治和文化差异、关注环境、健康、安全等全球议题，理解人类相互依存、共同发展的重要意义。

语言

恰当有效地以母语和至少一种外语进行口头与书面表达，能够与国际同行探讨专业话题，并通过语言理解、欣赏不同的文化内涵。

开放与尊重

保持好奇和开放的心态，尊重文化差异，具有跨文化同理心；坦然面对不确定性，适时调整自己的情感与行为。

图3-3 全球胜任力的六大核心素养

资料来源：清华大学，http://goglobal.tsinghua.edu.cn/competence.

表3-2　清华大学全球胜任力培养方案

一级	二级项目	具体内容	二级项目	具体内容
课程学习	学位项目	推进开放式办学，开设英文研究生学位项目20项，在课程、实践与论文环节结合中国国情，吸引海外优秀学生来我校攻读研究生学位	交换项目	面向本科生的海外交换项目，合作院校广泛分布于全球约40个国家和地区，每年有近800名清华学生参与，通过合作协议实现双向互派、学分互认，学费互免
	国际课程	开设本科生英文课程150余门，研究生英文课程近300门，以及一系列具有全球背景的通识和专业课程，为中外学生提供国际化课程学习平台	双授联授学位项目	与海外一流大学深度合作，采取共同制订培养方案，合作指导研究等方式，开设双授联授研究生学位项目43项。学生达到毕业要求，将获得清华大学与海外方学校学位
	国际暑校	国际暑期学校包含十余个具有主题特色的国际暑期项目，融合课程学习、专业实践与文化体验，吸引海内外优秀学生来我校体验校园学习与生活	短期课程	海外合作院校提供类型多样的短期课程项目，如暑期学校、冬令营等，为同学们提供时间灵活、主题广泛的海外学习机会
学术研究与交流	学术研究	与世界一流大学、研究机构开展合作，吸引优秀师生来我校访学，促进国际学术交流	学术研究	支持学生赴海外高水平大学开展学术研究与交流，如面向本科生的"闯世界"计划、暑期实验室项目、国家公派项目等
	国际会议	每年举办高水平的国际（双边）学术会议逾百次，使全校师生足不出校，即可了解国际前沿学术信息和最新学术成果，促进学科建设发展	国际会议	通过"博士生出席国际会议基金""国际会议支持计划"等途径，资助本科生和研究生出国参加高水平国际会议，拓展学术视野，增进学术交流

续表

一级类别	二级类别	内容
实习实践	机构实习	支持和鼓励中外学生进入跨国公司、驻华国际组织实习,学习如何在国际与跨文化环境中与人相处并开展工作
实习实践	社会实践	组织中外学生共同参与深度了解中国的社会实践活动,增进对中国社会、历史与文化的理解,促进中外学生交流与文化融合
实习实践	海外实习	鼓励和支持学生参与海外实习,包括企业实习和国际组织实习,积极学习国际规则,了解国际事务与全球治理
实习实践	海外实践	打造海外实践课堂,为学生创造更多海外实践机会,如面向"一带一路"设立的"丝路新探"项目,已组织多个实践分队前往中亚、东非等地区
文化交流	论坛讲座	举办高水平、前沿性和创新性的学术论坛与讲堂活动,包括清华学论坛、清华管理全球论坛、海外名师讲堂等,活跃学术思维,培育创新人才
文化交流	国际竞赛	组织具有专业特色的各类竞赛活动,培养学生创新思维与专业志趣,如中美创客大赛、GIX创新大赛、"校长杯""创新挑战赛"等
文化交流	国际竞赛	设立"清华大学学生国际重大赛事基金",鼓励和支持学生积极参加国际重大赛事,挖掘创新潜质,培养学术志趣
文化交流	文化活动	开展丰富多彩的校园文化活动,促进中外学生共同融入国际化校园,如BuddyProgram、Friday Talk、清华国际音乐节、国际学生学者新年晚会等
文化交流	文化活动	通过"清华全球南方浸润""大篷车"等系列活动,组织学生到海外开展社会调研与人文交流,增进对当地社会、历史与文化的深度理解

接近 500 多门英文及全球视角的通识课程，120 多个校级境外交换学习的项目为本科生和研究生提供了国际化的丰富资源。据学校初步统计，约40%的本科生、25%以上的硕士生和超过60%的博士生在校期间有海外学习交流的经历，学校支持本科生到境外参加课程学习和短期实习，鼓励公派研究生（含硕士和博士）赴海外开展短期和长期的学术研究和访学。同时，清华大学还依托各院系，开展40多个双硕士学位项目，为研究生的国际化培养提供了有力支持。

第四节　全球胜任力的分层次培养趋势

值得注意的是，清华大学的双硕士学位项目培养已走在了我国前列，项目的设置既包括全球主题的项目，如清华大学全球制造硕士项目、清华大学国际工程管理硕士和清华大学苏世民学者项目，也包括牵手全球顶尖高校的联合培养项目，如清华大学—香港科技大学双学位项目、清华大学—美国伯克利加州大学数据科学交叉学科双硕士学位项目、清华大学—台湾新竹双硕士学位项目、清华大学—法国国立高等先进技术学校双硕士学位项目和清华大学—韩国科学技术院双硕士学位项目等。这些项目的培养针对的主要是硕士和博士研究生，而本书之前所做的全球胜任力相关的研究文献，基本上都是以本科生为研究对象，就连经济研究和发展组织的国际学生能力评估计划也是针对15岁左右的高中毕业生，但对于如何培养研究生这个群体的全球胜任力的研究目前还是凤毛麟角。从本科生和研究生的培养目标和计划来看，本科生注重知识的广度，以授课为主，而研究生更注重知识的深度，以科研为主，因此全球胜任力的培养侧重点也应有所不同。正如美国教育部2017年1月官方发表国际战略《为促进公平、卓越和经济竞争力需要的全球和文化胜任力发展框架》中所说，全球和文化胜任力的培养应该是分成几个阶段的，从最早期的学习、初级学习、中级学习最终到高等学习贯穿了一个人的职业规划和发展。如表3-3所示，一个具有高级全球和文化胜任力的人，需要满足四个条件：

（1）至少精通两种语言；

（2）意识到不同文化之间存在的差异，接受不同的观点，通过开放的文化交流获得提升；

（3）具有批判性和创造性的思想家，能够运用对不同文化、信仰、经济、技术和政府的理解，以便在跨文化环境中有效地工作，应对社会、环境和企业的各种挑战；

（4）能够在跨文化和国际背景下发挥自己的专业水平，并持续开发新技能，提升掌握技术应用的能力。

表 3-3　全球和文化胜任力发展框架

	早期学习		职业发展		具有全球和文化胜任力的个人要求：
	早期学习	初级	中级	高级	
合作交流	启蒙发展社会情感技能——注重培养同理心、合作和解决问题	进一步的社会情感技能发展——注重同理心、观点获取和冲突管理	较强的社会情感和领导力——强调多元文化的理解和与不同群体的合作	高级的社会情感和领导技能，能够在跨文化背景下有效地与人合作和沟通	至少精通两种语言；意识到不同文化之间存在的差异，接受不同的观点，通过开放的文化交流获得提升；
世界及传承的语言	学习和发展英语和其他语言的技能	熟练掌握至少一门外语	至少精通一门外语	高级水平——能够使用至少一门外语工作和学习	具有批判性和创造性思想，能够通过对不同文化、信仰、经济、技术和政府形式的理解，在跨文化环境中有效地工作，应对社会、环境和企业的各种挑战；
多元化观点	通过接触不同的文化、历史、语言和视角，提高全球意识	通过持续接触不同的文化历史、语言和观点，加深全球意识	通过课程、项目、出国留学和虚拟交流等方式，加深对当地和全球的知识和理解	高度发达的多元化分析和反思能力	能够在跨文化和国际背景下发挥自己的专业水平运作，并持续开发新技能，提升掌握技术应用的能力
本国及全球的参与感	提高对团体和制度的认识	年龄相适应的公民参与和学习	具有参与本国和全球重大事务的能力	具有能有意义地参与各种本国和全球问题的能力，在全球背景下，能够在自己的专业领域和专长部分取得成功	
建立学科的基础知识和理解					

资料来源：清华大学，https：//sites.ed.gov/international/global-and-cultural-competency/.

　　在清华大学之前提出的全球胜任力六大核心素养：世界文化与全球议题、语言、道德与责任、自觉与自信、开放与尊重、沟通与协作，比较吻合地对应了美国教育部提出的"中级"这个范畴：强调多元化的理解和不同群体的合作，至少精通掌握一门外语，通过课程、项目、出国留学和虚拟交流等方式，加深对当地和全球的知识和理解，具有参与本国和全球重大事务的能力。对于研究生（包括硕士和博士研究生）的全球胜任力培养，应该更趋向于"高级"这个层次，要求学生能够在跨文化背景下有效地与人合作和沟通，能够精通至少一门外语用于学习和工作，高度发达的多元化分析和反思能力，具有能有意义的参与各种本国和全球问题的能力，在全球背景下，能够在自己的专业领域和专长部分取得成功。

　　研究生这个世界型的学者群体，应该朝着全球胜任力的 2.0 版本发展（见图 3-4）。

图 3-4　全球胜任力的 2.0 版本

　　（1）世界公民意识和全球使命感（World citizen consciousness and global sense）。意识到全球是一个共同体，对世界历史、地理、经济、社会和文化有基础常识，理解不同国家和文化间的差异性，从中汲取精华。具有高度全球使命感和全局意识，关注国际时事和动向，积极应对全球的重大科技和社会发展问题。

　　（2）世界和传统语言（World and heritage languages）。精通至少一门外

语。能熟练使用英语学习和从事科研工作，深刻理解和欣赏中国与其他文化的内涵，能够在跨文化环境中有效进行专业领域的交流。

（3）批判性和创造性思维（Critical and creative thinking）。具有发达的批判性和创造性思维能力，敢于思考和挑战，注重严谨性和逻辑性。

（4）国际化专业能力和修养（International professional competence and morality）。具有良好的专业技能和科研水平，在国际化背景下能有效地学习和工作，在不同文化的碰撞下开发的技能；同时既要注重个人能力的培养，又要注重综合素质和品德修养的提升。

另一个值得关注的问题是，目前，清华大学有来自120多个国家的3000多名国际学生在攻读学位，包括近1200名本科生，1800多名硕士与博士研究生。此外，每年有近千名国际交换、访问学生来校进行课程学习与合作研究。2019~2020学年度，清华大学将有15个本科大类、超过100个硕士专业和80个博士专业招收国际学生，其中20个硕士项目与8个博士项目为全英文授课学位项目，同时学校还提供了促进跨文化交流活动让他们了解并融入校园和中国文化。从这个层面来说，全球胜任力的培养目标除了要让学生顺利地"走出去"，还应考虑如何让留学生"走进来"。

第四章 TBSI 的研究生全球
胜任力培养实践

第一节 TBSI 简要介绍

清华大学与伯克利加州大学的合作基础深厚。早在 1979 年，两校便签署了改革开放以来清华大学与国外大学的第一个学术交流协议。40 多年来，两校共同致力于解决全球面临的重大挑战，在能源、环境、健康、经济、社会发展等众多领域开展了合作研究。基于多年的合作互信关系，2014 年，清华大学与伯克利加州大学在深圳市政府的支持下联合建立清华—伯克利深圳学院，凭借两校的综合学科优势和雄厚的工科基础，吸引世界一流的生源与顶尖的教授和研究者，致力于培养产业科学家，解决中国的世界级问题。

清华—伯克利深圳学院（以下简称 TBSI）是清华大学和伯克利加州大学在深圳市政府的支持下联合建立的，TBSI 秉承"学科交叉""国际化"和"产业伙伴关系"三大理念，致力于探索国际前沿的"大学—政府—企业"三方合作的培养模式。整合高校、政府和产业界的资源，旨在培养全球科学领袖和未来企业家领军人物，为解决区域和全球性重大工程技术和科学研究课题输送高素质的人才。TBSI 以信息学科为中心，涵盖环境、能源、材料、生命、健康等一批应用领域交叉型工科，初步构建"三横三纵"交叉学科矩阵，成立环境科学与新能源技术、数据科学与信息技术、精准医学与公共健康三大跨学科研究中心，下设 18 个实验室。

TBSI 面向全球延揽优秀师资，根据初期规划，拟招聘 40 名全职教师，

60 名兼聘教授，其中 30 名来自清华大学，30 名来自伯克利加州大学。目前已初步建立一支高水平、国际化的师资队伍，成为 TBSI 开展教学、科研、产学研工作的中坚力量。

TBSI 向全球遴选优秀生源，在读学生大多具备国际化视野和跨学科基础。每年许多毕业生选择继续深造或进入高校开展科研，或进入 Apple、Quora、腾讯、百度、阿里巴巴、京东等国内外知名企业就职。

TBSI 联合各方资源，于 2018 年获批组建 Andre Geim 石墨烯诺贝尔奖实验室，目前正在筹备设立 David Patterson 图灵奖实验室。

TBSI 将继续面向工程技术、贯通文理工商、跨越中西文化，努力为培养创新创业人才、推动国际教育合作、助力解决全球性社会与技术问题发挥示范作用。

TBSI 的目标和办学理念紧紧地围绕培养研究生的全球胜任力，无论是学生的招收和培养，还是教师的构成、招收和开展的科研活动，都能给如何培养研究生的全球胜任力提供较有意义的借鉴案例和范本。本书通过调查问卷和访谈的形式，对提出的"研究生全球胜任力模型"的四大要素进行检验和评估，最终得出具有可实践和可操作性，严谨合理的理论模型和框架。

在培养全球胜任力的实践工作中，TBSI 紧紧围绕学生和教师的培养展开，并在外部的硬件设施中，努力为师生营造良好的国际化环境（见图 4-1）。

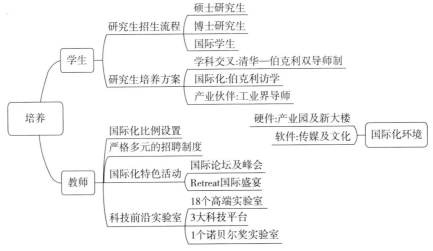

图 4-1 培养全球胜任力的实践框架

第二节　TBSI 研究生"全球胜任力"的教学培养实践

　　在清华大学和伯克利加州大学的大力支持下，TBSI 拥有较充分的办学自主权，鼓励开放、创新、共享，探索独特的国际化办学之路。

　　TBSI 从顶层设计出发，高度重视治理体系建设，努力构建学术共同体。TBSI 实行联合管理委员会下的共同院长负责制，中外双方深度参与学院建设，共同负责 TBSI 运营管理。TBSI 是清华大学在继续推进国际化建设的一次异地实践，在学生培养的方案设计上，紧紧围绕国际化及学科交叉，努力推动教学与工业界的互动和结合。本节以博士生的培养方案及招收流程为例，详细分析 TBSI 在（学术型）研究生全球胜任力培养方面做出的探索。

一、培养目标：全球产业科学家，构建以人为本的学术评价体系

　　TBSI 定位为国际化、专业化、创新型的高水平教育与研究学院，面向全球经济社会发展，结合深圳的比较优势和发展需要，以培养创新型全球科技领袖和未来企业家为目标，探索伯克利及硅谷湾区的高新技术、创新模式与深圳市高速发展的新兴产业、多元化的企业家精神相结合，开展引领国际教育发展的研究生教育，打造教育与科研国际平台，培养面向未来与产业需求的高水平技术创新和管理创新的领军人才。因此，TBSI 的目标为：培养学术领袖和未来产业科学家，为解决区域和全球性重大课题输送高素质人才。这与传统高校的培养目标有较大的不同，对比清华大学校本部和北京大学两所百年传统名校的培养目标如表 4-1 所示：

表 4-1 培养目标对比

	清华大学	北京大学	TBSI
培养目标	德、智、体全面发展： A. 进一步学习和掌握马克思主义和毛泽东思想的基本理论，坚持四项基本原则；热爱祖国，遵纪守法，诚信公正，有社会责任感 B. 掌握所在学科领域坚实宽广的基础理论和系统深入的专门知识；熟练地掌握一门外语；具有独立从事学术研究工作的能力；在所研究的学科领域做出创造性的成果 C. 具有健康的体格	A. 理论知识：能较好地掌握马列主义、毛泽东思想和邓小平理论，拥护党的基本路线，热爱祖国，遵纪守法，品德良好，学风严谨，具有较强的事业心和献身精神，积极为社会主义现代化建设事业服务 B. 专业知识：在本门学科掌握坚实宽广的基础理论和系统深入的专门知识，同时要掌握一定的相关学科知识；具有独立从事科学研究工作的能力，在科学或专门技术上做出创造性的成果 C. 身体素质：身体健康	培养学术领袖和未来产业科学家，为解决区域和全球性重大课题输送高素质人才
国际化元素	熟练掌握一门外语		全球性重大课题

从表 4-1 中可以看出，清华大学的博士生培养目标从培养学生的德、智、体全面发展为核心，要求学生必须熟练地掌握一门外语，在细节上体现出了对国际化教育的重视。北京大学的博士研究生培养目标主要围绕理论知识、专业知识和身体素质，对学生国际化能力的培养，还未明确地列为培养目标。两所高校的培养目标都紧紧地围绕着我国现代化事业培养人才，在学科领域掌握扎实的基础，做出创造性的成果，同时还要注重身体健康。作为新型的中外合作办学学院，TBSI 的培养目标出发点是把全球看作一个整体，以培养致力于解决全球面临的重大问题的学术及产业人才。为了实现这一目标，就需要将国外和国内顶尖的科学家和学术带头人聚集在一起，共同探讨什么是具有全球使命感的新一代人才，以及如何培养这样的人才。这一培养目标也决定了从根本上将全球胜任力作为学生培养的基本要求，自然地贯穿于学生四年的整个学习过程。培养目标还决定了学院的培养方向，从专业设

置上来看，TBSI 目前设置三个交叉学科领域："环境科学与新能源技术""数据科学和信息技术"和"精准医学与公共健康"。学科的设置是围绕当前社会发展人类所面临的共同问题，能源瓶颈、环境污染、数据爆炸、人口老龄化等问题，探索低碳新能源领域的新技术、数据科学背景下的信息技术和新型医疗药物技术来造福整个人类。同时，课程中专门设置了"跨文化传播"的必修课程。

另外，TBSI 革新学位授予的量化评价方法标准，代之以更有温度的学术评价体系，鼓励学术判断由各领域学者来负责。与传统的以发表论文篇数为指标或者引用数等为指标的学术评价体系相比，TBSI 尝试采用更强调创新成果的学术评价体系，充分尊重导师组成员以及其他国内外学者作为学术共同体对博士学位申请者的学术评价，学术评价更加细致、具体和准确，更加体现"以人为本"的精神。

二、教学方法：全英语教学，辅以本国通识课程

由于是中外合作办学，学生的培养在深圳和美国伯克利加州大学两地共同完成，因此，TBSI 的所有专业和项目均采用全英文授课，包括各项考试及学位论文撰写也要使用英文。为了保证教学质量，在 TBSI 的招生环节上，设置了严格的英语关卡，且与国外大学采用相同的"申请—审核"制。学生需满足以下英语要求：①托福（TOEFL）网络考试成绩在 90 分以上；雅思（IELTS）成绩在 7 分以上；传统 GRE 考试成绩在 130 分以上或新 GRE 考试成绩在 310 分以上；GMAT 成绩在 675 分以上；②国家六级英语考试成绩在 425 分以上；③通过清华大学英语水平 II 考试。国家六级考试的分数线设置比较低，是因为想要把国内一些科研基础很扎实的学生，很有潜力的学生先考虑进入面试环节，录取结果还需要考量学生的综合实力。在最终的面试环节里，会有 5 名以上由清华大学和伯克利加州大学的教授共同组成的专家组进行长达半个小时的英语阅读考试和英语口头即兴问答，从学生的基本情况、科研经历、研究计划、对学科领域的认知、行业的观察和判断到未来职业发展规划进行综合考查。最后对同批次的学生进行综合打分和排名，择优录取，淘汰率保持在 50% 左右。通过招生考试和审核的学生必须拥有中高级

熟练的英语使用能力，能够接受并很快融入全英文式授课的环境。如图4-2所示，截至目前，从专业分布上来看，TBSI 的在读生中，环境科学与新能源技术方向的博士在读生占比 45%，数据科学和信息技术方向的博士在读生占比 28%，精准医学与公共健康方向的博士在读生占比 27%。

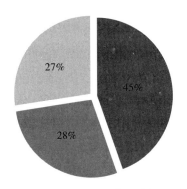

■环境科学与新能源技术 ■数据科学和信息技术 ■精准医学与公共健康

图4-2　博士研究生在读人数

从 2015~2018 年的学生增量来看，TBSI 研究生的数量保持着稳步的增长态势，港澳台和国际学生的比例有所波动，但在 2018 级达到了最高峰，从 2015 年的 6.5% 增加到了 2018 年的 10.9%（见图4-3）。在学生的国别上也逐渐地丰富化，2018 年国际学生来源于德国、意大利、俄罗斯、新西兰、澳大利亚、加拿大、墨西哥、伊朗、印度、巴基斯坦和津巴布韦等多数集中在"一带一路"沿线的国家（见图4-4）。全英文的教学方式为国际学生提供了必要的学习基础，无论来自哪个国家，都可以使用英语学习和交流。

TBSI 为了提高学生的综合人文素养，同时也是为了使日益增加的国际留学生更了解中国，设计了一系列"中国概况"的课程，包括中国文化与社会、中国思想与文化导论、中国文化、历史及价值观、人文视野下的环境问题及对策、当代中国社会经济政策、实践与挑战、中国哲学等。在专业课程设置的同时，也注重学生对中国的认知和个人修养的提升。

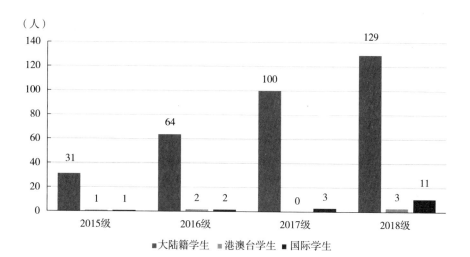

图 4-3　学生增量及构成情况

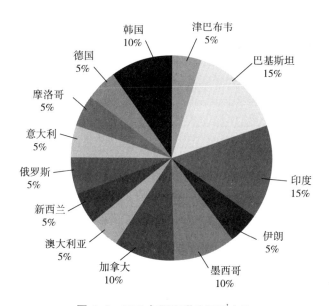

图 4-4　2018 年国际学生国别占比

三、"双导师"共同培养，国际化课程体系

学生入学后，实行"双导师"共同培养制，由清华大学、伯克利加州大学和学院全时教授组成的导师（组）共同指导，每一名博士生都配备有一名中方的清华导师和一名美方的伯克利导师，两位导师共同指导学生的学习和科研工作，同时接受中方和美方的教育熏陶。通常在博士二三年级的时候，有一至两年到伯克利加州大学访学的机会，跟着伯克利加州大学的导师，在美国接受相关教育和科研训练。以 2015 年首届入学的博士学生为例，在校的 26 名学生中，已派出 20 名学生赴伯克利加州大学，其中 15 人已经顺利完成访问回国，还有 5 人仍在伯克利加州大学访问学习（见表 4-2）。2016年和 2017 年入学的博士生，也在陆续地派往伯克利加州大学访问和学习。

表 4-2 博士学生培养情况   单位：人，%

年份	在校学生总数	派出人数	派出人数占比	已完成伯克利访学学生人数	正在伯克利访学学生人数
2015	26	20	76.90	15	5
2016	36	16	44.40	4	12
2017	39	8	20.50	0	8

TBSI 优化清华和伯克利培养流程，构建丰富的跨学科"π"型知识结构，注重培养学生掌握本领域知识深度和跨学科领域知识广度，以及综合运用知识分析和解决问题并进行创新性研究工作的能力。因此，在培养流程中专门设置资格考试（Prelim）。学生经过一年左右的学习后，需参加本领域（major）和非本领域（minor）两个环节的 Prelim 考试，让不同背景的学生在基础知识层面能填平补齐，具备从事本学科前沿科研工作所需的扎实知识基础和掌握相关跨学科领域的必要知识。2016 年，TBSI 学生获得年度国际电气与电子工程师协会电力与能源协会（IEEE PES）优秀学生论文奖，自1967 年该奖设立以来中国大陆学生首次获此殊荣。

课程方面，TBSI 在纵向交叉学科专业基础之上横向设置以基础学科为研

究方向的课程体系，形成交错的培养领域，打破传统学科的课程体系和学科壁垒，有效促进交叉学科学习与知识融合，同时以基础学科为轴，强调各培养领域的基础知识体系，更易于激发学生的领域归属感、方向认同感和学科碰撞，保证学生能够拓展跨学科知识广度的同时，深度掌握基础知识。

TBSI 已开设 95 门课程，除部分公共必修课以外，均为英文授课。此外，借鉴伯克利加州大学顶点课程（Capstone）设置，依托由行业领袖及业界精英组成的产业顾问委员会，结合深圳市企业界资源，为学生开设"创新训练营"课程，旨在为学生提供良好的企业导师指导与团队支持，参与企业发展中面临的实践课题研究，培养企业家精神。

同时，每年夏季学期，一大批伯克利加州大学资深教授将来到 TBSI 开展至少 1~2 个月的科研和教学工作，在深圳实地指导学生开展工作。清华与伯克利加州大学合作签订的"核心项目负责人工作备忘录"，详细约定了伯克利加州大学教师对 TBSI 研究生培养需承担的教学和论文指导任务，如规定外方教师需"在 TBSI 深圳每年驻留 8 周""每年负责 1~2 个学分的课程教学（相当于 16~32 学时的课程量，每学时 45 分钟）""每年在伯克利加州大学带领并指导最多 2 位 TBSI 访问学生一年时间""与清华方核心项目负责人共同指导 TBSI 博士生和硕士生"等。表 4-3 为部分伯克利加州大学教授在学院开设的课程。

表 4-3　部分伯克利加州大学教授在学院开设的课程

课程名	课程号	课程负责人
Thermal Physics and Engineering 热物理学与工程	86000021	Junqiao Wu
Sustainable Development：Ethics，Physics and Technology 可持续发展：伦理，机理和应用技术	86000241	Slav Hermanowicz
Chaos and Complexity—System Dynamics Approach 混沌和复杂性——系统动力学方法	86000651	Slav Hermanowicz
Supply Chain Design and Management 供应链设计与管理	86000054	肖礫 Max Shen
Introduction to Stochastic Processes 随机过程概论	86000082	Xin Guo，Illan Adler
Optimization Methods for Power Systems 电力系统优化方法论	86000451	Javad Lavaei

续表

课程名	课程号	课程负责人
Markov Chains：Theory and Applications 马尔科夫链：理论与应用	86000471	Xin Guo
Geometric and Topological Data Analysis 几何与拓扑数据分析	86000391	Leonidas Guibas
Introduction to Financial Engineering 金融工程概论	86000092	Xin Guo
Mobile and Pervasive Computing 移动设备和普适计算	86000111	Zhang Pei
Energy Systems and Control 能源系统与控制	86000251	Scott Moura
Hybrid System Design for Smart City 智慧城市混合系统设计	86000482	Khalid Mosalam
Introduction to Nonlinear Optimization 非线性优化概述	86000461	Shmuel Oren
Optimization Theory and Machine Learning 优化理论和机器学习	86000611	Somayeh Sojoudi
Compressive Sensing with Sparse Models：Theory，Algorithms，and Applications 压缩感知与稀疏模型：理论、算法与应用	86000621	Ma Yi
Resilience-based Engineering of Smart Infrastructure Systems 基于弹性工程学的智慧建筑系统	86000711	Khalid M. Mosalam
Special Issues in Semiconductor Opto-Electronic Device Manuf 半导体光电器件制造中的特殊问题		郭浩中 Ghulam
Reinforcement Learning for Energy Systems 能源系统的强化学习		Scott Moura
Tissue Engineering 组织工程	86000231	Song Li
Soft Material Module 1：Biological Soft Materials 软质材料模块 1：生物软质材料	86000261	Seung-Wuk Lee
Soft Material Module 2：Synthetic and Hybrid Soft Materials 软质材料模块 2：合成、混合软材料	86000271	Ting Xu
Vision and Imaging Science 视觉及影像科学	86000351	Xiaohua Gong

学生的论文研究工作也是在 TBSI 和伯克利加州大学两地完成，博士生学位论文研究的实际工作时间一般不少于 2 年。博士生完成培养方案要求，博士学位论文经导师（组）写出详细的评阅意见外，还应将论文送 5 位国内

外同行专家评阅。学位论文通过导师（组）审查和同行专家评阅并全部收回评阅意见后，方可申请答辩。博士生学位论文通过评审后，需进行学位论文答辩，论文答辩委员会成员应由导师（组）提名并经学术指导委员会主席审批。最终通过论文英文答辩后，可获得清华大学博士毕业证书和学位证书以及伯克利加州大学的学习证明。

四、"三横三纵"交叉学科体系培养创新人才

TBSI 实行"申请—审核"制开展研究生招生工作，从物理、数学、生命科学三个方面（track）对申请者进行审核，充分考察学生的综合素质和创新潜力。采取"申请+考核"方式，即申请资料通过专家小组审核后再进行面试考核，不再简单按考分录取，而是侧重评价学术志趣和创新潜力。以"方面"（track）区分而不以专业区分的方式有效打破传统学科壁垒，充分保障交叉工科在招生上的灵活度和科学性。招生变革带来显著成果，TBSI 吸引了一大批来自国内重点高校的优质生源，甚至还出现来自世界顶尖大学的研究生回归清华进行学习。

在学科布局方面，TBSI 通过清华大学与伯克利加州大学的紧密伙伴关系，不断加强国际合作，面向世界一流创新型学院，主要发展以信息学科为中心，涵盖环境、能源、材料、生命、健康等一批应用领域的交叉型工科，完整地构建起学院"三横三纵"交叉学科矩阵体系。

"三纵"代表 TBSI 创建的环境科学与新能源技术、数据科学与信息技术、精准医学与公共健康三大跨学科研究领域，"三横"则代表现代工程科学的三大支柱——数学、物理和生命科学。TBSI 三大跨学科研究领域下的学科分支，均可通过"数学—物理—生命"的空间坐标位置，探究跨学科研究的契机。"三纵三横"相互交错，成为 TBSI 跨学科研究体系的基础支撑。

在学生的专业能力培养上，TBSI 采取"主专业"和"辅专业"交叉结合的培养方式。鼓励学生组成跨学科领域的团队，进行跨学科领域、开放式的研究型或应用型的课题研究。第一学期开始时，学生在提交个人培养计划前，须与导师（组）探讨并选择一个本专业的研究领域作为其主要的培养领

域，然后根据所选的领域决定主修和辅修课程。每个培养领域都是交叉学科专业和研究方向的结合。一共有三个交叉学科专业分别对应三个中心，每个专业分别有三个基于三个研究方向建立的领域。三个研究方向如下：

方向一：物理—化学；

方向二：数学—数据；

方向三：生命—科学。

三个方向在三个专业的应用层面衍生出九个培养领域，D1T1 是交叉学科专业的环境科学与新能源技术的物理—化学培养领域，D1T2 是交叉学科专业的环境科学与新能源技术的数学—数据培养领域，D1T3 是交叉学科专业的环境科学与新能源技术的生命—科学培养领域，D2T1 是交叉学科专业的数据科学和信息技术的物理—化学培养领域，D2T2 是交叉学科专业的数据科学和信息技术的数学—数据培养领域，D2T3 是交叉学科专业的数据科学和信息技术的生命—科学培养领域，D3T1 是交叉学科专业的精准医学与公共健康的物理—化学培养领域，D3T2 是交叉学科专业的精准医学与公共健康的数学—数据培养领域，D3T3 是交叉学科专业的精准医学与公共健康的生命—科学培养领域（见表4-4）。

表 4-4　三个交叉学科专业

专业一 环境科学与新能源技术	专业二 数据科学和信息技术	专业三 精准医学与公共健康
• D1T1：物理—化学方向适用于环境科学与新能源技术交叉学科 • D1T2：数学—数据方向适用于环境科学与新能源技术交叉学科 • D1T3：生命—科学方向适用于环境科学与新能源技术交叉学科	• D2T1：物理—化学方向适用于数据科学和信息技术交叉学科 • D2T2：数学—数据方向适用于数据科学和信息技术交叉学科 • D2T3：生命—科学方向适用于数据科学和信息技术交叉学科	• D3T1：物理—化学方向适用于精准医学与公共健康交叉学科 • D3T2：数学—数据方向适用于精准医学与公共健康交叉学科 • D3T3：生命—科学方向适用于精准医学与公共健康交叉学科

为了营造良好的交叉学科培养环境，TBSI 已初步建成环境与新能源、数据科学与信息技术、精准医疗与公共健康三个跨学科交叉工程实验室，增强

了 TBSI 在交叉学科领域承担教学和科研任务的综合实力，推进了学科建设及产业创新。

总结起来，TBSI 的培养目标是培养未来全球的学术领袖和产业科学家，采用全英文的授课方式，同时注重本国的通识教育，在学科培养上，采用"主专业"和"辅专业"交叉的方式来激发学生的创造性思维，中美双方的"双导师"为学生提供了纯正的国内外学术环境（见图 4-5）。从以下四个维度都做了相应布局来推动研究生全球胜任力的培养。

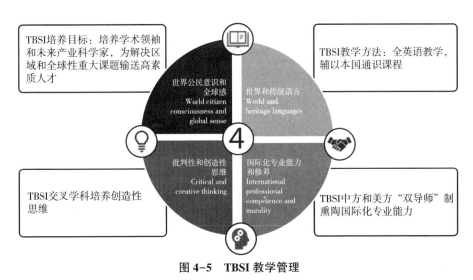

图 4-5　TBSI 教学管理

第三节　TBSI 研究生"全球胜任力" 师资和科研保障

一、高水平师资及科研团队

为保证 TBSI 的人才培养不仅仅是依靠中外合作项目中的清华和伯克利加州大学的师资力量，更是需要扎根在项目中的全时教师默默耕耘。自 TBSI

建立的四年来，面向全球公开招聘，取得了一定的成果。TBSI 师资构成情况如图 4-6 所示。

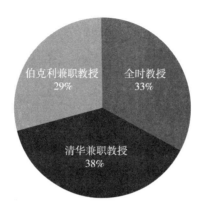

图 4-6　TBSI 师资构成情况

　　TBSI 在全球范围内招揽优秀教师，师资队伍由全球选聘的全职教师以及来自办学双方的资深兼职教师构成。学院充分借鉴伯克利加州大学及国际一流大学经验，教师积极参与从岗位设置、招聘宣传、简历筛选、面试组织到评审评议的全过程，已建立一套标准、规范及国际化的师资引进体系（见图 4-7）。学院现初步建成一支高水平、专业化、国际化的师资队伍，成为学院教学科研工作的中坚力量。

　　全职教师招聘的流程严格依照清华大学以及伯克利加州大学的招聘要求，由院长或主管人事的副院长邀请清华大学和伯克利加州大学 3～5 位教授组成评聘专家小组（应包括学院学术指导委员会中清华大学和加州伯克利大学各 1 人），负责对应聘人进行初审。评聘专家小组由清华大学和伯克利加州大学的学术指导委员会委员担任共同组长，共同组长根据需要邀请本领域国际知名专家对应聘人进行函评。通过初审的申请人受邀到校园参加面试，面试内容包括在学院公开做学术报告，与评聘专家小组成员或学院其他相关专业的教授分别面谈、讨论等。评聘专家小组综合申请人学术报告情况、对申请人能力背景的考察情况以及其他参与面试的教授意见，对申请人的综合水平和能力给出书面报告，小组成员最后投票决定是否推荐申请人参加学术指导委员会的审查。TBSI 学术指导委员会听取评聘专家小组长对申请人的审查报告，经充分讨论后进行投票表决。对助理教授和准聘副教授岗位，共同

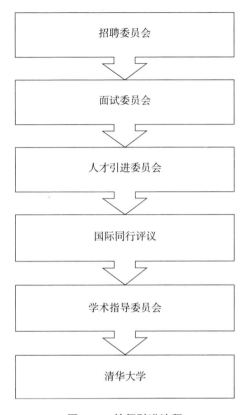

图 4-7 教师引进流程

院长结合 TBSI 学术指导委员会的意见，表决通过聘任决定，并报清华大学审查备案；对于长聘副教授和长聘教授岗位，共同院长结合学院学术指导委员会的意见，表决通过聘任意见，报清华大学审批，学校经过相应程序后做出聘任。

　　除了这支高水平的教师团队，TBSI 的另一支科研工作生力军——博士后的队伍建设也毫不逊色。自建院至今，TBSI 招收的博士后人员毕业学校包括：剑桥大学、普渡大学、斯坦福大学、宾夕法尼亚州立大学等。他们的专业主要涉及环境、材料、物理、化学、电气工程、生物、医学、经济学等方向。TBSI 还致力于建设一支国际化、专业化、高水准的高校行政服务队伍，积极面向国内外"不拘一格降人才"，现有行政团队中硕士以上学历达 90%以上，其中具有海外工作或留学经历者近 40%，理工科专业员工占比 50%，高素质的行政团队也是 TBSI 建设过程中不可或缺的重要力量。

二、丰硕的科研成果

在全时教授、兼职教授、博士后、行政工作人员和学生的共同努力下，在深圳市政府的大力支持下，深圳市发改委批准 TBSI 建设三大工程实验室：深圳环境与新能源技术工程实验室、深圳数据科学与信息技术工程实验室、深圳精准医疗与公共健康工程实验室。TBSI 在三大工程实验室的基础上实际组建了 18 个高端实验室，分别是：纳米能源材料，环境科学与技术，智能电网与可再生能源，智能交通与物流系统，低碳经济与金融风险分析研究，低维材料与器件，传感器与微系统，纳米器件，物联网与社会物理信息系统，未来互联网研究，大数据，智能成像，大分子平台转化医学和生物制造、癌症生物标记，诊断和治疗、生物医学检测与成像，干细胞治疗和再生医学，集成分子诊断系统，肿瘤治疗研究。TBSI 自 2015 年成立以来，科研成果较为丰硕，曾多次举办高水准的国际会议和论坛，如 2018 年举办高水准国际会议 4 场、高规格论坛 5 场、讲座 40 余场。此处列举三个 TBSI 举办的国际化活动具体案例：

1. 第三届中以创新论坛——从特拉维夫到深圳：培育技术突破·推动经济增长

2018 年 11 月 30 日至 12 月 1 日，由以色列特拉维夫大学、清华大学和晨兴集团联合主办，清华—伯克利深圳学院与清华 XIN 中心承办的第三届中以创新论坛于深圳举行。本届论坛以 "从特拉维夫到深圳：培育技术突破·推动经济增长" 为主题，旨在促进两国合作研究、合作性技术探索并培育合资企业。以色列驻华大使何泽伟（Zvi Heifetz）、深圳市时任副市长王立新、特拉维夫大学时任校长约瑟夫·克拉夫特（Joseph Klafter）、清华大学校长邱勇、晨兴集团联合创办人兼恒隆地产董事长陈启宗出席了论坛开幕式并致辞，IDG 资本创始合伙人熊晓鸽与清华经管学院顾问委员会主席、Breyer Capital 创始人兼首席执行官吉姆·布雷耶（Jim Breyer）等出席了论坛。论坛开幕式上，嘉宾共同为清华—伯克利深圳学院—特拉维夫大学创新联络办公室揭牌。创新联络办公室是清华—伯克利深圳学院与特拉维夫大学进行战略合作的深圳联络点,位于南山智园内,未来将协助双方展开科研合作、学术交流、校企合作、双边商业交流等,为双边人才交流、学术交流、成果转化、项目孵化、国际合作等事宜提供更多支持。特拉维夫大学教务长亚隆·奥兹(Yaron Oz)与清华—伯克利深圳学院时任共同院长张林指出,创新联络办公室将发挥桥梁作用,承接两校合作技术在深圳的转化落地工作,推进区域创新协同发展。论坛期间,来自中以两国的嘉宾围绕人工智能、世界经济秩序、数字健康、区块链和金融科技以及地区文明交流五个领域展开热烈研讨。

2. 2018 深圳国际石墨烯论坛——共促石墨烯学术和产业界合作创新

2018 年 4 月 11~14 日在清华大学深圳研究生院召开了深圳国际石墨烯论坛。本次论坛由深圳市科技创新委员会和深圳市南山区人民政府共同主办,清华大学深圳研究生院、清华—伯克利深圳学院、中国科学院金属研究所和深圳盖姆石墨烯中心共同承办,深圳市发展改革委员会、深圳市经济贸易和信息化委员会、深圳市科学技术协会共同支持。深圳市时任副市长、党组成员高自民出席本次论坛开幕式并致辞,中国科学院金属研究所、TBSI 成会明院士和清华大学深圳研究生院时任院长康飞宇教授担任本次论坛共同主席。

本次论坛主题涵盖石墨烯粉体及相关材料制备、石墨烯薄膜制备及应用、其他二维材料、储能及其他应用、电/光/传感器件应用、碳纳米管及其他碳纳米材料和石墨烯产业化应用与表征分析技术等主题。论坛邀请了来自中国、美国、欧洲、韩国、新加坡、日本等多个国家的知名学者和产业界人士,包括 2010 年诺贝尔物理学奖获得者、来自英国曼彻斯特大学的安德烈·盖姆教授共 69 名世界知名科学家(33 名海外科学家与 36 名国内科学家)从学术和产业化视角探讨石墨烯及其他二维材料及碳纳米材料的研究进展和产业化现状,为国内外科学家与企业家搭建一个交流与合作平台,以推动世界范围内石墨烯等纳米材料的产业化进程。

3. 2018 CUHK Shenzhen-TBSI 机器学习与工业智能国际论坛

2018 年 7 月 30 日,2018 CUHK Shenzhen-TBSI 机器学习与工业智能国际论坛在南山智园举办,论坛至 7 月 31 日结束,主题为机器学习与工业智能。来自中国、美国、加拿大、欧洲、韩国的世界级科学家,就现实世界工业挑战中人工智能的未来、工业 4.0 和智能制造的基础展开了深入探讨。

本次论坛由香港中文大学（深圳）和清华—伯克利深圳学院联合主办，吸引了来自华为、大疆、腾讯、上海证券等知名企业界人士的报名，以及来自世界知名高校清华大学、香港中文大学、斯坦福大学、浙江大学、厦门大学等师生的热情参与。在为期两天的论坛中，包括挪威科学院院士、韩国科学院院士、加拿大工程院院士、美国麻省理工学院教授在内的多位学界"大牛"，他们带来精彩的演讲。论坛发起人之一，香港中文大学（深圳）教授、国际电机及电子工程师学会院士、国际自动控制联合会院士秦泗钊教授指出，人工智能在从事与人打交道的活动如语音、翻译、图像、认知等，与"商务智能"如广告投放与定向广告等方面，已经发挥了显著的作用，本次论坛聚焦的核心命题是"工业智能"，这涉及新一代工业革命（工业 4.0）和人工智能在机器学习等领域。

除了这样的高端国际论坛，TBSI 还成立了国际顾问委员会（External Advisory Board，EAB），八名创始成员包括：美国麻省理工学院前校长埃里克·格里姆森（Eric Grimson），伯克利加州大学电子工程与计算机科学系荣休教授、美国工程院院士、美国国家科学奖章获得者胡正明（Chenming Hu），日本东京工业大学荣休教授、前校长、美国国家工程院外籍院士、垂直腔面发射激光器（VCSEL）之父伊贺健一（Kenichi Iga），伯克利加州大学电子工程与计算机科学系首席教授、美国国家工程院院士金智杰（Tsu-Jae King Liu），哈萨克斯坦纳扎尔巴耶夫大学教务长、美国国家工程院院士以列桑米·阿代西达（Ilesanmi Adesida），时任研究生院院长、美国工程院院士菲奥娜·道尔（Fiona M. Doyle），英国萨里大学校长、澳大利亚科学院院士、澳大利亚技术与工程院院士逯高清（Max Lu），斯坦福大学计算机科学与电子工程系教授、美国国家工程院院士利奥尼达斯·吉巴斯（Leonidas Guibas）。埃里克·格里姆森（Eric Grimson）教授被任命为 TBSI 国际顾问委员会首任主席。同时，诸如 2017 年诺贝尔物理学奖得主、斯坦福大学教授朱棣文和美国科学院、工程院、艺术与科学学院三院院士大卫·帕特森（David Patterson）教授这样的学术领袖都曾莅临 TBSI，为 TBSI 师生与产业合作伙伴作主题演讲和深入的交流互动。

三、紧密的产业合作

TBSI 在建院初期，就确认了要合理利用好深圳丰富的产业资源，加强与企业的合作与交流，具体表现在 TBSI 为搭建科技、资本、产业深度融合的创新、创业、创客、创投、创意（简称"五创"）平台，深化深圳湾、旧金山湾的交流合作，引导资本、技术、人才、产业汇聚南山，建设"两湾五创直通车"国际化开放创新中心。立足深圳与旧金山，与产业融为一体，形成优质资源的聚集效应，依托于 TBSI 领先的学术和研发优势会聚集并诞生更多的优势产业，带动国际创新资源汇集深圳。

同时，开创了"大学—政府—企业"三位一体的办学模式，TBSI 设立了产业顾问委员会（Industry Advisory Board，IAB）。产业顾问委员会的共同主席由清华大学副校长、教务长杨斌及伯克利加州大学工学院时任院长、美国国家工程院院士、美国国家艺术与科学院院士 S. Shankar Sastry 担任，共同副主席由新科实业有限公司董事长兼首席执行官田宏与清华控股有限公司副总裁、深圳市华融泰资产管理有限公司董事长黄俞担任。

委员的职责包括：

（1）加强 TBSI 与产业界的联系，在行业战略联盟内树立学院的领导地位；

（2）探寻新的研究课题（如共建联合实验室、合作研究项目和派遣工业访问研究员）；

（3）通过促进 TBSI 研究者、风险投资家和其他产业精英建立联系，培育创业精神；

（4）促进教育项目的发展，包括为硕士研究生和博士研究生提供实习项目，作为工业导师指导硕士研究生的顶点研究项目，积极推进全球在线学习、高级管理教育项目和产业课程模块的建设；

（5）协助 TBSI 建立募款模式，提供可持续的研究资源；

（6）协助 TBSI 设立定向奖学金、募捐讲席教授岗位等，吸引优秀学生和教师。

在 IAB 委员会和 TBSI 的共同努力下，TBSI 从 2015 年开始逐渐加强与企业的多元合作。截至 2018 年，TBSI 已成功开展和落地 20 多项与企业的合作项目，包括联合开展横向客座项目和设立联合实验室（见表 4-5）。

表 4-5　与企业的合作项目

序号	年份	企业名称	合作形式
1	2015	深圳市光聚通讯技术开发有限公司	横向合作
2	2016	南山区科技创新局	
3		深圳市天地互通科技有限公司	
4		意礴科技有限公司	
5		中建科技有限公司深圳分公司	
6	2017	深圳市科学技术协会	
7		宏远石油设备股份有限公司	
8		腾讯计算机系统有限公司	
9	2018	华扬联众数字技术股份有限公司	横向合作+设立联合实验室
10		滴滴优点科技（深圳）有限公司	横向合作
11		深圳市科学技术协会	
12		环思科技（天津）有限公司	
13		上海舜锋机械制造有限公司	
14		南方电网科学研究院有限责任公司	
15		南方电网科学研究院有限责任公司	
16		南方电网科学研究院有限责任公司	
17		思诺达药业（深圳）有限公司	
18		广州电网责任有限公司珠海供电局项目	
19		苏州大猫单分子仪器研发有限公司	
20		中国科协科学技术传播中心	
21		北京品驰医疗设备有限公司	
22		与世界四大手机品牌之一（保密期）	专利许可
23		西安维塑智能科技有限公司	
24		重庆润通控股（集团）有限公司	设立联合实验室

2018 年 10 月，TBSI 还与埃森哲（中国）有限公司签订合作备忘录，埃

森哲将给予 TBSI 一定的无限制科研补助金以支持 TBSI 在前沿领域的技术科研项目，共同探讨双方在 AI、汽车自动化、新能源等前沿领域的深度合作。2018 年 11 月，TBSI 与美国旧金山湾区委员会顺利签署合作备忘录，双方就科研项目合作、学术交流活动、校企合作、双边商业交流、活动组织与支持五大核心事宜达成共识。湾区委员会将在学院深圳南山智园设立办事处，引导资本、技术、人才、产业汇聚，致力于两湾经济发展和科技交流。

第四节　TBSI 存在的体制机制障碍及建议对策

在 TBSI 5 年多的建设中，虽然取得了较为可喜的成果，但"异地""跨国"办学带来的挑战也贯穿着方方面面。从两校办学实践来看，一方面，是两校对 TBSI 的高度重视；另一方面，却因为跨越了中国和美国，跨越了北京和深圳，母校的资源很难快速有效地传送。TBSI 为了减少空间的限制，投入使用了最先进的远程会议设备和软件，清华大学和伯克利加州大学的教授有时可通过远程设备参与学院会议、学生面试，甚至讲授部分课程。为了减少时差的影响，远程会面时间常常集中在上午 7 点到中午 12 点，才能让东西半球的时间都较为合适，还有紧急的会议，常安排在北京时间上午 5 点或6 点。即使是在这样努力的相互适应下，现有的技术水平还是很难实现面对面交流的即视感，有时候还会出现网络输送不稳定、设备出现故障等问题，浪费了参会者大量的宝贵时间。同时，两所百年名校都有自己成形的运作体系，共同决策则需要双方的高度信任、认可和相互磨合。从政府支持来看，一方面，是深圳市不遗余力的大力支持，另一方面是实际执行层面中因新型的办学模式和体制带来的调整和不确定性，还有国家层面对交叉学科在高等教育体系中的认可和归类问题，均有待解决。

一、经费支持机制

TBSI 高层次人才引进科研启动经费未得到财政明确的专项支持。2015～

2018 年 TBSI 以院长基金、学科建设经费等财政拨款来支撑高层次人才引进所需的科研启动经费，但 2019 年及以后 TBSI 科研启动经费的来源暂不明确。TBSI 共享科研基础条件平台运行需持续稳定的经费保障，以确保对前沿探索和基础研究的条件支撑，目前尚缺此类经费保障机制。根据科技部统计数据，目前科研院所竞争性科研经费及持续稳定科研经费的比例大概是 1：1，但目前在深圳很多单位缺乏持续稳定的科研经费，这对于学校的长期科研规划会有一定影响，尤其对于部分刚筹建的高校或科研院所。

建议对策：

（1）TBSI 是清华大学深圳国际研究生院的重要依托，根据清华大学深圳国际研究生院理事会第一次会议决议，清华大学深圳国际研究生院纳入深圳市市属高校管理体系。建议给予 TBSI 引进的高层次人才市属高校科研启动经费的待遇，并明确科研启动经费财政支撑保障机制，以确保人才引进后的科研工作可以快速启动。

（2）为使共享科研基础条件平台能够平稳运行，建议市财政、市发改委考虑建立科研基础条件平台运行经费保障机制。

（3）在稳定科研经费方面，建议市政府加大对稳定科研经费上的支持力度。

二、异地办学高校的政策支持

广东省高水平大学建设及重点学科建设对交叉学科的投入不足，且高水平大学建设及重点学科建设的政策范围并不涵盖在深圳异地办学的研究生培养单位，如深圳大学城中的清华大学深圳国际研究生院、北京大学深圳研究生院等均不在广东省高水平大学建设和重点学科建设遴选计划中。

建议对策：

希望国家及广东省能够对异地办学高校给予关注、相关支持政策能够拓展到所有在深圳的高校，并加强对交叉学科的投入。研究生教育及相关科研是学科建设的重要力量，建议将学院纳入广东省高水平大学重点学科建设项目的遴选范围中。

三、高层次人才引进及服务

深圳市政务服务的国际化水平亟待提高，存在如未完全实现在行政服务窗口提供双语材料及双语服务、部分行政流程制度未与国际接轨等问题。

目前，深圳市对高层次人才来深圳工作涉及的住房保障、社保、子女入学政策等一系列人才有关支持事项仍未完全明确，且推进速度较慢。例如：外籍教师到达法定退休年龄后，仍在聘并发挥重要作用，却因年龄限制无法购买社保和企业年金，缺少基本保障；部分外籍教师因社保缴纳无法满足最低年限要求，不能在深圳享受退休后的养老和医疗待遇；深圳基础教育、高中教育（2019 年公办高中录取率不足 45%）资源相对不足，优质教育资源严重缺乏，导致部分外籍教师在选择来中国发展时顾虑重重。

建议对策：

（1）全面提升政务服务的国际化水平，在行政服务窗口提供双语材料及双语服务，流程制度与国际接轨，让外籍高层次人才有归属感。例如：建议由人才局牵头，建立政府一站式服务官方网站（英文），针对外籍人员的各项人才政策，包括人才认定、医疗和税收等，有官方层面的权威解释和统一的信息出口。

（2）需要进一步明确对高层次人才来深圳工作涉及的人才认定、住房保障、社保、子女入学政策等一系列人才有关支持事项，并加速推进相关政策的执行。

例如：

1）允许外籍教师延长社保缴费年限，或引入针对国际人才的商业保险套餐，作为现有社保的补充或替代性选择；

2）在西丽片区设立 K-12 双语国际学校，学生可选择出国继续学业或在国内参加高考，或建立大学城附属学校，或统筹全市优质教育资源，为外籍高层次人才提供更多择校选择；

3）建议允许外籍人才在入职前，由用人单位使用拟录取通知，提前为外籍人才做人才认定，并由政府出具官方认定说明，在外籍人员入职后，再兑现认定人才级别的各项福利待遇，增强外籍人才来深工作的信心。

四、大型科研平台及大科学装置建设

国际大科学装置是一个城市未来创新发展的基础，是体现该城市在国际科学前沿、城市基础研究实力和水平的重要标志。目前，深圳还没有国家级实验室及国际大科学装置配备，需凝聚学科资源在深圳积极筹建大型科研共享平台及国际大科学装置。

建议对策：

在深圳建设中国特色社会主义先行示范区这一契机中，发挥国际合作办学优势，学习国外先进经验，在深圳筹建大型科研共享平台及大科学装置，如学习伯克利加州大学 NanoLab 共享平台、劳伦斯实验室、日本高能加速器研究机构等的建设和运行模式，以高校为牵引，在深圳建设世界一流的微纳加工平台、精准医疗、人工智能等大型科研共享平台，建设环境、海洋等领域的高等研究中心，服务国家战略需求，为前沿基础研究、产业发展提供综合性的技术支撑。以上需深圳市初期进行平台建设、仪器设备购置及初期运行经费投入，随着平台和大科学装置的运行成熟，平台也可以实现自负盈亏。

大型科研共享平台及大科学装置建设的同时，也将能够积极推动深圳高校、科研院所牵头或参与国际大科学计划及大科学工程，提升深圳在战略前沿领域创新能力和国际影响力。

五、技术转移平台与体系建设

高校缺乏统一、专业的知识产权管理运营工具。传统的管理方式效率低，使得技术转移办公室的工作人员无法将时间和精力专注于科技成果的产业化价值分析、业务拓展，从而导致转化率低。高校缺乏技术转移情报体系，与市场间信息不对称，导致高校与产业间对话机制、信任机制缺失，科技供给与企业需求难以对接，严重阻碍了科技成果转移转化。

建议对策：

建议推广中国高校知识产权管理运营标准模式，成立高校知识产权管理运营和技术转移公共平台；建议建立高校—产业科技情报体系，消除科研与市场的不对称；倡议建立技术转移人才的奖励政策和职称评定政策，加强粤港澳地区技术转移队伍的培养与构建；建议制定深圳高校和科研院所成果转化收益的税收减免政策。

六、危化品资质管理

部分研究涉及剧毒化学品使用，但 TBSI 所在园区暂无剧毒化学品使用资质，一定程度上影响了科研工作开展。

建议对策：

关于涉及剧毒化学品使用的部分研究，建议能够整体研究深圳市各项研究工作对于剧毒化学品的用量、种类，综合协调合适地块建设相应的科研基础条件平台。

第五章　清华大学深圳国际研究生院规划

　　清华大学深圳国际研究生院（以下简称国际研究生院）是在国家深化高等教育改革和推进粤港澳大湾区建设的时代背景下，由清华大学与深圳市合作共建的公立研究生教育机构，致力于建设成为世界一流的研究生院，成为服务社会和引领发展的一流人才培养基地、学科交叉融合的国际创新研究中心，以及产学研合作和国际化办学的典范。

　　国际研究生院是在清华大学深圳研究生院和清华—伯克利深圳学院的基础上建立的。2001 年创建的深圳研究生院在探索高等教育改革、服务地方经济与社会发展方面做出了积极贡献；2014 年设立的清华—伯克利深圳学院在高水平国际化办学方面探索总结了有益经验，为国际研究生院的创建和发展奠定了有力的基础。2016 年 11 月 4 日，清华大学与深圳市人民政府签署协议，共建清华大学深圳国际研究生院。2018 年 11 月 6 日，教育部批复成立清华大学深圳国际研究生院，希望国际研究生院充分利用深圳的区位优势和科技创新理念，不断提高人才培养质量和科学研究水平，为深化高等教育改革、服务国家和地区经济社会发展作出更大贡献。2019 年 3 月 29 日，清华大学深圳国际研究生院正式揭牌。

第一节　基本办学情况及规划

一、清华大学在深圳办学的历史沿革

2000年10月14日，深圳市政府与清华大学签署合作创建清华大学深圳研究生院协议书。

2001年4月，国家教育部同意设立清华大学深圳研究生院。

2001年6月8日，清华大学深圳研究生院挂牌。

2002年12月，成立工程学部、信息学部、管理学部和文理学部。

2003年10月，入驻深圳大学城。

2004年3月，成立生命科学学部。教学、科研、社会服务体系逐步建立，办学成果获得社会各界肯定。

2010年，将五个学部整合为生命与健康、能源与环境、信息科学与技术、物流与交通、先进制造、社会科学与管理六个学部，筹建海洋科学与技术学部。

2011年7月，海洋学部成立。

2011年，发挥学校办学优势，结合深圳地区产业特色，规划建设深海研究、能源与环境、新型光电与先进制造、下一代网络四个创新基地，获得深圳市和清华大学批准。

2011年12月，清华大学海洋技术研究中心成立并落户深圳研究生院。

2012年1月，清华大学港澳研究中心落户深圳研究生院。

2012年4月，清华大学医院管理研究院落户深圳研究生院。

2014年9月，清华大学与伯克利加州大学、深圳市政府签署合作备忘录，依托清华大学深圳研究生院共同创建清华—伯克利深圳学院，开展环境科学与新能源技术、数据科学与信息技术、精准医学与公共健康三方面的研究工作，培养博士和硕士研究生。

2016年11月4日，清华大学与深圳市人民政府签署协议，在清华大学深圳研究生院及清华—伯克利深圳学院的基础上，共建清华大学深圳国际研究生院。

2018 年 11 月 6 日，教育部批复同意成立清华大学深圳国际研究生院。

2018 年 12 月 1 日，深圳市人民政府与清华大学签署全面战略合作框架协议。

2019 年 3 月，清华大学深圳国际研究生院举行第一届理事会第一次会议暨国际研究生院揭牌仪式，国际研究生院正式启动建设。

二、办学基本条件

国际研究生院是在清华深圳研究生院和清华—伯克利深圳学院基础上的拓展、融合和提升。清华大学深圳国际研究生院用地面积 335 亩，计容建筑面积 33.07 万平方米，容积率 1.43（见表 5-1）。2018 年中期，TBSI 启动了清华大学深圳国际研究生院（一期）大楼的建设工作，预计将于 2021 年投入使用。国际研究生院新大楼位于深圳大学城东南角，占地面积 2.3 万平方米，建筑面积 15.6 万平方米，建设内容涵盖教学、科研、公寓及相关生活配套，是一座容积率 5.2 的立体校园，项目由中国建筑设计研究院总建筑师崔愷院士主创。由于新校区占地面积小，容积率高，建筑密度大、使用功能复杂（均为国家重点实验室）等特点，结合清华希望打造深圳市第一个城市型高校、三维立体城市学校的需求，项目设计采用本土设计理念、因地制宜、合理布局，通过立体绿化技术，营造真正意义上的立体校园，打造区别于"园林式"的"城市型"高校，同时，利用先进的新风系统、污水处理系统和人性化的空间设置塑造国际化一流的教学环境。

表 5-1　清华大学深圳国际研究生院校区情况

	用地规模（亩）	计容建面（万平方米）	容积率	建筑面积（万平方米）
大学城校区	300	21.07	1.02	23.54
国际研究生院（一期）	35	12	5.2	15.6
合计	335	33.07	1.43	39.14

从设计方案来看，清华大学深圳国际研究生院（一期）建筑以土为本的理性主义创作，立足所处的自然环境和人文环境。同时，为延续清华的经典传承，采用了经典的红区设计：1919年美国建筑师墨菲规划清华校园时，将保存完好的中式园林"清华园"作现状保留，与其东边和北边先后落成的大礼堂、科学馆、同方部、清华学堂、体育馆及图书馆等西式院落组成早期建筑。这批建筑大都采用红砖砌筑，为校园中心区定下了一个明显的基调，清华大学师生形象地称之为"红区"——经过时间的洗礼逐渐成为校园经典。同时，建筑内庭院合理使用了山地景观，并引入伯克利的"草莓山溪"，依山傍水，面向城市，让自然入园，建造一个"无边界的校园"，将城市、环境和人文有机地结合在一起：

（1）城市——提供共享、延伸、标志性的城市景观界面；

（2）环境——营造生态的降温、蓄水、抗风的校园环境；

（3）人——提供多维度的弹性的交互式学习生活空间；

（4）文——延续解读百年校园文化，创造文化新活力 。

图5-1 项目效果

图片来源：清华大学深圳国际研究生院。

从设计理念来看，新校区致力于建设"无边界的立体校园""望山理水的绿色校园""百年传承的文化校园"和"思想碰撞的书院制校园"，其效果如图5-1所示。通过功能的细化和分析，把高水平交叉学科科研平台、多维度教学空间、交流开放空间等整合成若干个功能模块，功能模块的相互搭接、整合，较好地解决地块局促对复杂功能间的制约。利用开放式的校园设计，促进科研设施和教学资源在更广泛的范围内实现共享，提升资源的利用效率。面对周边院校和市民开放创新学习空间，促进交流，展示国际成果。合理利用科研楼露台引自然入园，为思想碰撞提供更轻松的氛围。由于国际化和学科交叉是学院最大的办学特色，新大楼通过空间布局把学院特色和先进的教学理念融入整个建筑有机体中，为师生交流互动、学科交叉融合、学生创新实践提供了更加丰富的可能；支撑案例教学（project-based learning）小组讨论等更有针对性的教学方式的开展；塑造自由、开放、舒适的教学科研和生活环境，成为世界顶尖学者学术思想碰撞的重要汇集地，设计了随处可见的公共空间促进师生交流互动，学科交叉融合。希望在这样一个红砖绿茵、山溪淙淙的校园里，师生将拥有一个朝夕相处、切磋砥砺的优质学习和生活空间，在校园里享受探索与求知的乐趣。

此外，占地面积约2.3万平方米，建筑面积约15.6万平方米的国际研究生院一期工程正在深圳大学城建设中，计划于2021年投入使用。另深圳市拟划拨西丽湖度假村地块和同富裕工业园地块作为国际研究生院校园二期建设工程用地。

三、高教体制机制的创新实践

国际研究生院作为清华大学唯一的国内异地办学机构，主管部门和管理主体为清华大学和深圳市人民政府，市校共同成立理事会，实行理事会领导下的院长负责制。理事会作为国际研究生院的最高决策机构，研究审议国际研究生院涉及办学方向、中长期发展规划、年度财务预决算等重大事项，研究决定国际研究生院行政领导班子的聘任和解聘。国际研究生院设立党委，在校党委的直接领导下开展工作。党委书记、副书记则由学校党委任命，中层干部的任免由党委会研究决定。国际研究生院设立院务会和党政联席会议决策机制，凡属"三重一大"（重大决策、重要人事干部任免、重大项目安排和大额度资金运作）的重大事项均由院党委会、院务会和党委会讨论决策。国际研究生院将在深圳研究生院和清华—伯克利深圳学院现有行政部门的基础上重组行政支持体系，按国际标准服务和支撑国际研究生院的发展和高效运行。

四、国际化办学取得新进展

清华大学开展了多个国际合作项目，通过全球学程提升学生全球胜任力。例如：与美国伯克利加州大学深度合作，联合创建清华—伯克利深圳学院，在交叉学科研究和研究生培养、科技成果转化、学术治理等方面积极探索实践。开设多个国际双硕士学位项目，例如：与法国巴黎交叉科学研究院、巴黎第五大学、巴黎第七大学的清华大学国际开放创新教育中心项目，与德国亚琛工业大学的智能制造项目，与日本京都大学的环境工程项目等。

积极打造具有国际视野的行政管理队伍，提升国际化办学能力。国际研究生院多次组织院行政管理人员赴海外名校，尤其是新加坡、中国香港等亚洲类似文化背景知名高校交流学习，加深管理工作队伍对国际高等教育管理工作的了解，拓展管理工作的国际化思维。同时开展学生辅导员海外研修计划、学生工作海外学习交流。在丰富国际化培养体系，促进跨文化学术交流的同时，为国际合作项目的开展创造契机。

五、教育教学情况

2015 年以来，在校生人数保持在 3000 人以上，2020 年在校人数高达4000 余人，招生专业覆盖了深圳支柱产业和战略性新兴产业。

截至 2018 年末，发表 SCI 论文 4090 余篇，EI 论文 5400 余篇，并在SCIENCE、Nature 及子刊等国际权威刊物上发表文章 10 余篇；获国家级奖励9 项，省部级 83 项；申请专利 2100 余项，获得授权 1033 项。近年来，科研到账经费数、专利申请及获得授权数、发表高水平论文数连年创历史新高，科研工作亮点频出，已建成 4 个国家级和 12 个省部级科研机构。

国际研究生院定期安排校园安全隐患排查和假期值班工作，保障正常的教学科研安全秩序，办学过程无安全事故发生，校园安全稳定。

第二节　治理体制及办学规划

一、主管部门及管理主体

国际研究生院的主管部门和管理主体为清华大学和深圳市人民政府，市校共同成立理事会，由清华大学校长和深圳市市长任共同理事长。国际研究生院实行理事会领导下的院长负责制。理事会依据国际研究生院理事会章程履行职责，是学院的最高决策机构，研究审议学院涉及办学方向、中长期发展规划、年度财务预决算等重大事项，研究决定学院行政领导班子的聘任和解聘。党委书记、副书记则由学校党委任命。

二、办学资金来源及监管机制

深圳将国际研究生院列入深圳市一级预算单位管理，纳入深圳市市属高校财政管理序列，在生均拨款、一流学科建设、高层次人才科研启动费、教学实验室及科研条件公共平台、校园信息化、开办费、捐赠配比、基础设施建设、校园维修维护或改造等方面按照市属高校待遇予以支持。清华大学将国际研究生院学生的教育部生均拨款、国家助学金划拨到国际研究生院，并积极向国家各部门申请相关专项支持，支持国际研究生院建设。

国际研究生院实行统一领导、集中核算、分级管理的财务管理体制。建立财政拨款与多种渠道筹措经费的综合性、可持续办学经费支持体制。积极引进社会办学资金，建立社会捐赠、民间投资等多元并举的经费筹措机制。

深圳市及清华大学审计部门定期或不定期地对国际研究生院安排办学绩效审计和专项审议。国际研究生院办学情况每年在院网站上公开，接受社会各界的监督。

三、招生计划来源及监管机制

国际研究生院的招生计划纳入清华大学招生总计划并计划单列，由国际研究生院招生工作领导小组负责招生工作的管理。理事会决定国际研究生院学术指导委员会、学位工作委员会的设立，由学位工作委员会对培养全过程进行监管及学位审定。

四、教育教学质量监管机制

国际研究生院将建立学位工作委员会，全面负责研究生培养和学位审议等相关工作。按领域建立培养工作委员会，使其负责制定所在领域的研究生培养方案、培养过程和学位质量把关，对学位工作委员会负责。

为保证教育教学质量，国际研究生院严格按照清华大学相关要求设立了试讲管理制度及首次开课教师达标制度。同时为教师提供教学培训和指导等。建立了由学生评教、专家听课、干部听课、教师自评、毕业生调查组成的五维教学评价体系。从 2004 年起实行网上学生评教，目前已实现过程评估和期末评估相结合，帮助任课教师及时了解课程评估情况持续改进教学质量。

五、重大事项决策机制

国际研究生院设立院务会议和党委会决策机制，凡属"三重一大"（重大决策、重要人事干部任免、重大项目安排和大额度资金运作）的重大事项均由院党政联席会议讨论决策。行政部门干部聘任经民主推荐、组织考察等环节，由院党政联席会讨论决定，并实行干部任职前公示制度。

六、安全稳定监管机制

安全稳定工作由政治安全工作领导小组主管负责，后勤办具体落实相关事项。设立应急工作系统，制定了应急工作预案。设立心理辅导中心，建立了辅导员和班导师等学生工作系统。建立院务公开机制，定期或不定期召开不同层面的交流沟通座谈会，广泛听取意见。

七、内部治理体制机制

国际研究生院建立了较为完善的内控体系，根据清华大学提供的教学研究机构内部制度体系指标建设方案指导目录的相应规范，内部制度体系建设由院内部制度体系建设体系领导小组牵头负责，各职能处室全力配合，强化组织落实和责任到人，领导小组负责明确本次内部制度体系建设的总体目标，确定内部制度体系建设的整体部署，检查监督内部制度体系建设工作方案的落实。

国际研究生院建立健全了较为全面的规章制度体系，各职能处室、非常设机构职责明确，工作流程清晰。现制订了包括党群管理、教学管理、研究生管理、科研管理、人事管理、财务管理、外事管理、行政管理在内的八大类，共160余项规章制度。

八、内外协调机制

在日常办学过程中，国际研究生院定期召开院务会议、党委会决定办学中的各类重要事项。通过校内报文系统向校本部进行请示。与深圳市及各主管部门的沟通主要通过报文形式进行请示，近期正在申请加入深圳政府电子公文平台。国际研究生院还通过与各业务部门进行座谈、专题会议等形式，沟通协调解决办学中的困难和问题。

九、调整学科建设布局

根据清华大学的发展战略和深圳市的产业需求，国际研究生院优先布局清华大学一流的工程学科并辅以创新管理，形成"6+1"个主题领域，包括：新能源与先进材料、数据科学与信息技术、生物医药与健康工程、海洋工程与技术、未来人居与智慧城市、环境与生态和创新管理。这些优势学科与深圳市的产业发展需求高度契合，将为深圳产业转型提供动力，为大湾区的社会创新发展助力，并有力地支持了学校相关学科的发展和"双一流"建设。

十、突出"国际化、开放式、创新型"办学特色

"国际化"：与国际一流高校和机构开展广泛而深入的合作，着眼全球重大挑战问题的研究，提高学生的全球胜任力；师生组成、培养过程、校园建设、治理体系高度国际化。

"开放式"：打破传统院系和学科边界，支持多学科交叉与融合，资源共享；学界和业界协同，合作人才培养，加速成果转化；校园开放，深度融入城市发展。

"创新型"：积极探索符合中国实际的世界一流的研究生教育新思路、新机制和新模式，在构建国际化的治理体系和运行机制、探索政产学研互动合作新模式、重塑研究生教育等方面开拓创新。

面向全球延揽优秀师资和学生，制定高水平国际化教师队伍规模目标：2025年250人，2030年400人，其中海外教师比例占1/3；全日制在校研究生规模目标：2025年5000人，2030年8000人，其中约1/4为博士生，约1/3为海外学生。

十一、坚持学术博士教育和专业学位教育并重

博士教育将更多地聚焦源头创新和颠覆式技术创新，为科技创新和产业

转型发展提供持续动力；专业学位教育将通过重新定位培养目标，重塑培养过程，与产业界深度合作，加强工程技术与创新管理相结合，成规模、成建制地培养产业需要的高层次复合型专业人才。2019 年 4 月，首个专业博士学位项目——清华大学创新领军工程博士粤港澳大湾区项目第一届 40 名新生已入学。项目旨在助推大湾区实现产业转型并发挥引领全球创新的功能，培养领域包括电子与信息、先进制造、能源与环保。

十二、积极参与大湾区科教高地建设

按照大湾区"科教高地"发展规划，西丽湖片区是科技创新走廊的核心战略节点，定位为西丽湖国际科教城。国际研究生院位于西丽湖"科教生态环"和大沙河"大学智慧带"上，将积极参与大湾区科教高地建设，注重创新型人才培养和提升基础研究、应用研究能力水平，与大湾区高校协同创新发展，携手合作、优势互补，共建更具辐射力和带动力的高等教育体系，把粤港澳大湾区打造成世界区域性教育发展示范区。

第三节　创新实践探索

一、腾讯互动媒体与技术中心

为共同助力深圳市及粤港澳大湾区的信息科技和文化创意产业发展，清华大学深圳国际研究生院与腾讯达成战略合作，聚焦于互动媒体设计与技术方向，合作共建互动媒体设计与技术中心，开展专业硕士教育，共建专业课程体系，共同开展前沿科技与社会应用研究。2019 年 5 月 19 日上午，战略合作签约仪式及相关学科方向研讨会在国际研究生院举行（见图 5-2）。清华大学副校长杨斌、清华大学深圳国际研究生院执行院长高虹、腾讯高级副总裁马晓轶和腾讯互动娱乐事业群副总裁夏琳出席，清华大学深圳国际研生院党委书记武晓峰主持签约仪式。

图 5-2　签约仪式会场

图片来源：清华大学深圳国际研究生院。

在签约仪式上，杨斌向腾讯在人才培养和科学研究领域对清华大学的大力支持表示感谢。2019 年是清华大学建校 108 周年，新时期清华大学将继续挑起社会责任，为国家建设付出一分力量。清华大学深圳国际研究生院将逐步展开与腾讯等我国龙头创新企业的合作，并展开更广泛的国际合作，与国际顶尖高校合作开展联合培养。杨斌介绍，此次国际研究生院与腾讯共建"互动媒体设计与技术中心"，希望将最新产业需求及时结合到专业教育和人才培养中，项目计划 2019 年 9 月正式招生，吸引全世界优秀生源，采用新的选拔考核模式。相信腾讯的支持对国际研究生院的进一步发展会起到强有力的推动作用，期待双方未来会有更多形式的互动合作。

高虹介绍，双方合作将聚焦于互动媒体设计与技术方向，共建互动媒体设计与技术中心，共同探索"企业—高校—政府"合作的新模式与专业学位教育的新范式，重塑专业硕士教育，融合设计思维、技术创新、创新创业能力、领导力、跨文化团队合作、职业素养在培养过程中。通过延聘国际及国内相关教育领域专家、行业领域专业人士，吸引全世界优秀生源，培养能够用世界的语言来讲中国文化以及中国故事的跨学科、复合型人才。

马晓轶表示，清华—腾讯互动媒体设计与技术中心的战略合作，意味着中国互动媒体设计与技术硕士教育的发展和相关研究的开展，是一次由产业界支持并参与人才培养的交叉学科教育突破。未来期望培养出综合性创新人才和行业引领者，这与培养物理、建筑、哲学、计算机等相关领域人才同样重要，他们将在不同的领域和维度为国家建设和发展贡献力量。

夏琳介绍，互动媒体设计与技术中心，将由腾讯的专家们与清华大学的老师们共建专业课程体系、共同制定学习目标，未来将会以"学校导师+企业导师"双导师模式进行相应的教学授课，并为学生提供国内外高含金量的实践及实习机会，让学生真正意义上成为中国互动媒体与文化娱乐行业的领跑者及文化全球化输出者。夏琳指出，本次合作将是未来 10 年互动媒体与文化娱乐产业一次里程碑式的突破，也是中国互动媒体与文化娱乐产业在高等教育领域，开始与国际接轨的突破性进展。

这是国际研究生院开局以来与深圳企业开展的首次战略合作，也是国际研究生院面向世界学术前沿，开展科学研究、社会服务及创新实践，推进产学研协同创新的新举措。

二、特拉维夫大学签署合作备忘录

2019 年 5 月 5 日上午，清华大学深圳国际研究生院与特拉维夫大学深化合作备忘录签署仪式在以色列特拉维夫大学举行。深圳市市长陈如桂和特拉维夫大学时任校长约瑟夫·克拉夫特（Joseph Klafter）现场见证，清华大学深圳国际研究生院时任副院长张林与特拉维夫大学教务长亚隆·奥兹（Yaron Oz）代表两校签署深化合作备忘录。

根据合作备忘录，清华大学深圳国际研究生院和特拉维夫大学拟建立合作平台，以促进双方科研合作、初创企业加速、孵化与商贸，成为以色列和深圳之间的桥梁。这是继 2018 年 12 月在深圳举办的中以创新论坛上，清华—伯克利深圳学院——特拉维夫大学创新联络办公室揭牌之后，清华大学与特拉维夫大学合作的升级。这将有效促进两校在深圳开展科研、教育、技术转化、人才培养等方面的深度合作，搭建国际协同创新体系，深化中以双方科技文化交流与合作，实现优势互补、合作共赢。

近年来，清华大学积极推进并创新国际化培养模式，与世界一流大学深度合作。通过校内、国内和海外一体化统筹的全学程国际化培养模式，全面提升学生的综合素质、全球视野、科学精神和创造能力，培养造就有志于奉献国家发展和人类文明进步的全球拔尖人才。清华大学深圳国际研究生院是清华大学国际化战略的重要一环，今后，将继续代表清华大学与世界一流高校建立合作关系，发挥国际研究生院"国际化""开放式""创新型"的发展特色，代表清华在世界高等教育的舞台上发出声音。

三、广东省石墨烯创新中心

2019 深圳国际石墨烯论坛于 2019 年 4 月 11~13 日在清华大学深圳国际研究生院召开。本次论坛由深圳市科技创新委员会和深圳市南山区人民政府共同主办，清华大学深圳国际研究生院、中国科学院金属研究所和深圳盖姆石墨烯中心共同承办，深圳市发展改革委员会、深圳市工业和信息化局和深圳市科学技术协会共同支持。本次论坛是清华大学深圳国际研究生院成立以来第一次组织承办的大型国际学术会议。清华大学深圳国际研究生院成会明院士和副院长康飞宇教授担任本次论坛共同主席。

清华大学深圳国际研究生院时任副院长张林，2010 年诺贝尔物理学奖获得者、英国曼彻斯特大学安德烈·盖姆（Andre Geim）教授，深圳科技创新委员会党组书记、副主任邱宣等出席本次论坛开幕式并先后致辞。出席大会的嘉宾还有清华大学范守善院士、北京大学刘忠范院士、南方科技大学俞大鹏院士。该论坛举办期间同时举行了广东省石墨烯创新中心成立大会和授牌仪式。

本次论坛旨在推进中国石墨烯、其他二维材料及碳纳米材料的研究和产业化应用，加强国际间的合作与交流，从学术和产业化视角探讨石墨烯、其他二维材料和碳纳米材料的科学研究进展和产业发展现状，为国内外杰出科学家与企业家搭建一个交流与合作平台，促进国内外石墨烯相关领域科学研究与产业应用迅速发展。60 余位石墨烯领域世界知名科学家和产业界人士作公开演讲，其中 2010 年诺贝尔物理学奖获得者安德烈·盖姆教授、北京大学刘忠范院士、韩国蔚山国家科学技术研究所 Rodney Ruoff 教授、美国西北大学 Mark Hersam 教授、美国加利福尼亚大学洛杉矶分校段镶锋教授、澳大利亚莫纳什大学 Michael Fuhrer 教授和中国科学院金属研究所任文才研究员分别就"石墨烯及其应用：最新研究进展""石墨烯的奇幻之旅：从科学研究到工业化应用""碳材料及其他相关材料""可印刷的石墨烯和其他相关二维纳米材料油墨""岂止于二维材料，范德华异质结的前世今生""原子级薄层 Na3Bi：量子拓扑材料的应用平台"和"石墨烯薄膜的可控合成及其相关应用"七个主题发表主旨演讲。

本次论坛设置了石墨烯和二维材料器件应用、纳米材料在环境和健康中的应用、二维材料能源应用、石墨烯和二维材料的其他应用四个分论坛共计52 个分会报告，并举行两场石墨烯青年科学家和产业界对话环节。论坛吸引了来自中国、美国、欧洲、日本、韩国、新加坡等国家和地区的高校、科研机构和企业的参会代表近 600 人。

深圳国际石墨烯论坛作为具有国际影响力的高水平专业性论坛，自 2014 年以来连续成功举办五届，会聚了具有全球影响力的学术界及产业界专家，以深圳深厚的电子信息和新能源产业基础为支撑，系统研讨石墨烯作为基础材料在能源、显示和电子电路等领域交叉融合产生的重大研究成果和技术突破，对于加快深圳市石墨烯前沿技术探索和产业应用开发进程，推进石墨烯材料技术与深圳市电子信息、新能源等相关优势产业的紧密结合，提升深圳市新材料产业在全国的竞争力，培育深圳全球竞争新优势，有着重大积极的意义。

深圳市委市政府高度重视以石墨烯为代表的新材料基础科学研究和产业化发展，尤其在石墨烯基础研究、产业化和创新载体建设方面科学规划、精心布局。2012~2018 年，深圳市在石墨烯基础研究和应用基础研究方面累计资助近亿元。2017 年以来深圳先后出台《深圳市十大重大科技产业专项实施方案》和《深圳市关于进一步加快发展战略性新兴产业的实施方案》，提出前瞻布局石墨烯等新兴领域，重点发展石墨烯在电子信息、新能源领域的应用技术，将石墨烯列为十大重大科技产业专项进行重点布局，为建设深圳国际科技产业创新中心提供支撑。经初步统计，截至 2018 年，深圳市已培育和引进了 20 余个具有国际影响力的石墨烯研发团队，建设了 10 余家石墨烯相关科研创新载体，培育了 30 余家石墨烯相关的企业，相关企业、高校和科研院所已发表石墨烯相关 SCI 论文 1000 余篇，申请相关专利 1500 余件，在石墨烯粉体制备、石墨烯复合储能材料、石墨烯发热膜、石墨烯电子信息材料等方面取得了较大进展，积累了较强的产业基础，相关产品应用在电子信息、新能源和复合材料领域优势明显。

2018 年，习近平总书记亲临深圳，并专门对深圳工作作出重要批示指示，赋予深圳新使命，要求深圳"深入实施创新驱动发展战略，抓住粤港澳大湾区建设重大机遇，增强核心引擎功能，朝着建设中国特色社会主义先行示范区的方向前行，努力创建社会主义现代化强国的城市范例"。深圳市将瞄准世界科学发展和产业变革前沿，抢抓粤港澳大湾区建设重大机遇，深入实施创新驱动发展战略，着力深化改革创新，贯彻落实国家关于促进新材料产业发展的战略部署，着力突破石墨烯等关键新材料核心技术，着力补足石墨烯等新材料基础研究短板，努力建设石墨烯等新材料科技创新和产业发展高地，加快形成以创新为主要引领的现代化经济体系，为建设中国特色社会主义先行示范区、创建社会主义现代化强国的城市范例提供有力支撑。

四、创新领军工程博士粤港澳大湾区项目

为服务粤港澳大湾区创新驱动发展战略，清华大学 2019 年首次开设创新领军工程博士粤港澳大湾区项目，面向服务于粤港澳大湾区的国家重点行业、创新型企业人员招收攻读工程博士专业学位研究生，培养大湾区建设高端创新领军人才。该项目自 2019 年 3 月 29 日公布后，受到社会强烈关注。为此，清华大学深圳国际研究生院于 2019 年 4 月 13 日召开项目招生说明会，就项目情况、报考要求等进行详尽解答；当天的招生说明会座无虚席，近300 名来自深圳、广州、佛山、珠海、东莞、香港等城市的人员参加了现场活动，还有 3 万余人同步收看直播。

作为清华大学首个面向国家重点区域开设的工程博士培养项目，将面向服务于大湾区的国家重点行业、创新型企业人员招收攻读工程博士专业学位的研究生，培养具有国际先进水平的科技创新领军人才，服务国家创新驱动发展战略，构建工程高端人才培养的新格局。项目招生培养领域为电子与信息、先进制造、能源与环保三个领域，采用"申请—审核"制，录取学生为

非脱产定向培养，培养过程包括课程学习和学位论文研究工作，课程学习在清华大学深圳国际研究生院完成。在培养模式上，项目强调学科交叉创新，培养研究生解决复杂工程技术问题、进行工程技术创新、组织工程技术研究开发工作的能力及良好的沟通协调能力、国际视野和跨文化交流能力。

师资配置方面，主要依托于清华大学的师资力量，融合了清华—伯克利深圳学院与清华大学深圳研究生院的深圳国际研究生院，拥有众多两院院士、教育部长江学者、国家杰出青年、国家优秀青年等高层次人才，并秉持着"国际"视野与标准，项目聘请了一批产业导师，打开社会、产业和学校之间的围墙，将产业导师与学术导师相结合，把校园办到产业中去。

在课程设置方面，包括创新模块、工程领域专业课程、领导力及职业素养等课程模块（见表5-2）。在论文研究方面，工程博士生将结合工程技术中的关键问题选题，做出推动重大工程创新、产业转型升级、企业技术进步的创新性和实用性成果。同时，将结合国际化培养特色，增加海外调研学习环节，包括海外短期访问、海外知名企业考察调研等。学员需在前两年修完学分，一般安排在周末或者晚上授课。对于符合条件者，由清华大学授予毕业证书、工程博士专业学位证书。

表5-2 课程设置

课程	公共必修课 （集中授课）	工程领域前沿讲座
		工程领域重大专题研讨课
		工程管理类课
	专业课	领域专业课程（≥2门）
	必修环节	选题报告
		企业调研
学位论文研究工作	选题报告、年度进展报告、最终研究报告	
研究成果要求	综合性工程科技报告以及发明专利、科技奖励、标准、论文等	

该项目将以清华大学深圳国际研究生院为培养地，致力于服务粤港澳大湾区创新驱动发展战略，倾力为大湾区建设培养高端创新领军人才。项目通过模块化课程，工程与管理结合，培养创新力、提升领导力，聚焦大湾区产业创新升级，提升产学研融合深度。充分利用大湾区与清华大学资源，拓宽

国际视野、提高全球胜任力。

第四节　办学存在的问题及建议

作为省外高校在深办学，从清华深圳研究生院到清华—伯克利深圳学院，再到刚刚设立的清华大学深圳国际研究生院，清华大学一直得到深圳市政府的大力支持，在不断探索和实践着异地办学的新思路、新模式和新机制，各项事业都取得了积极进展，得到了市、校、社会各界的高度肯定。然而，进入新的办学发展阶段，办学定位和水平有了新的要求，特别是在国家粤港澳大湾区发展战略和深圳市建设中国特色社会主义先行示范区的目标下，国际研究生院既迎来了快速发展的大好时机，也面临一系列制约发展的困难和挑战。这些问题如得不到及时解决，将使我们错失良机，影响办学水平。这里既有需要我们自身努力去推进教育和体制机制改革的问题，更多的是异地办学带来的困难和困境，需要广东省和深圳市的支持和帮助。

异地办学不仅需要大量经费投入，还需要清华大学的大量智力和人力投入。如何建立既契合当地发展需求又保持不低于校本部水准的教育体系、师资队伍、办学运行体系和办学质量，是所有异地办学院校面临的重大挑战和风险。此外，从全球范围看，几乎所有异地办学都是以不影响清华大学的发展为前提的，不取用清华大学的资源，如此才能得到广大院系和教师的支持。因此异地办学无不强烈依赖办学当地政府和社会力量的支持，否则难以为继。事实上，高水平大学在异地办学会为当地聚合优秀人才，建设高等教育体系和研发平台，培养高质量人才，当地政府对教育的投入会为可持续发展带来长远的收益。

给广东省的具体建议：

（1）对引进高校的异地办学进行属地化管理。按照省属高校同等待遇进行投入和建设，有资格参与广东省"双一流"建设计划，在人才引进、教学和科研平台建设、项目及成果奖励申报，给予同等待遇的支持（例如：对清华大学、北京大学的支持政策应和中山大学、华南理工大学等"985"院校一致）。

（2）完善粤港澳大湾区高等教育合作体制机制。加强政策和规划协调对接，推动主要合作区域和重点领域的体制机制创新，有效打通各个高校资源，建立开放式校园，增加高校间联动。设立分析测试基金，协调各高校资源共享，支持各高校大型仪器设备的开放使用。

（3）建立先行先试适应大学教育改革的联动机制。在社会责任层面上要求企业接收本科生和研究生实习，并给予税收减免的鼓励。例如，要求年产值 10 亿元以上企业与高校建立联合培养基地，按不少于员工总数 1% 接收实习实践学生，给 3 万元/人的税收减免。

（4）争取国际合作办学的自主权，允许采取备案制，进行先行先试。高校自觉遵纪守法，确保合作质量。

给深圳市的具体建议：

（1）对引进高校的异地办学进行属地化管理。按照市属高校同等待遇进行投入和建设，在人才引进、教学和科研平台建设、项目及成果奖励申报，给予同等待遇的支持（例如：对清华大学、北京大学的支持政策应和中山大学、华南理工大学等"985"院校一致）。

（2）"筑巢引凤"，为高层次人才的子女教育、住房社保等方面解除后顾之忧。随着西丽湖国际科教城的快速发展，将在短时期内集聚起大量高端人才，没有优质的中小学资源，对于人才的引进和稳定是十分不利。在西丽片区建设义务阶段优质教育资源，满足人才引进中的教师子女入学需求。要特别考虑满足外籍人才需要的类似 K12 的国际学校。对于在深工作 10 年以上的外籍高层次人才允许补缴社保，解决外籍教师社保养老、退休待遇等问题。

（3）改革研究生教育培养成本核算办法，作为成本分担的学费部分的标准综合考虑成本和毕业生薪酬水平。

（4）设立国际学生奖学金，鼓励国际学生来深就读，支持在深高校的国际化办学。

（5）投资建设能与 Google 对标的境内学术资源平台。

（6）成立覆盖在深所有高校的大学服务中心，为高校提供更好更高效的服务。

（7）理顺干部、人事体制，解决干部、人事工作能够和深圳市的相关制度无缝衔接，保护教职员工的工作积极性。提供在深办学的最基本保障。

总之，以落实大湾区发展国家战略和深圳建设先行示范区为契机，解放思想，加快改革步伐，加大工作力度，协同解决制约发展的瓶颈问题，为省外高校在粤办学提供更为有利的条件和支持，为国际科技创新中心和大湾区的发展做出更大的贡献。

第五节 清华大学深圳国际研究生院的全球胜任力项目与实践

一、全球胜任力 Global+U 计划：联合国儿童基金会 STEAM 人本设计项目

Global+U 计划是清华大学深圳国际研究生院全球胜任力与国际及港澳台学生发展中心（以下简称 SIGS 全球胜任力中心）与国际组织合作开展的系列项目，旨在加强学生全球胜任力、提升国际化视野。项目提供一系列与国际组织深度交流的平台，通过讲座、实践、调研等多种形式，全方位提升清华大学深圳国际研究生院学生的国际竞争力，为其走向世界舞台奠定基础。"联合国儿童基金会 STEAM 人本设计项目"作为 Global+U 计划首期活动，由联合国儿童基金会中国办公室、清华大学国际开放创新教育中心（Open FIESTA）及 SIGS 全球胜任力中心共同合作举办。

STEAM 教育包括 Science（科学）、Technology（技术）、Engineering（工程）、Arts（艺术）、Mathematics（数学）等教育要素。中国的 STEAM 教育自近 20 年来的蓬勃发展取得了相当多的成就，但如何能够实质性培养学生实践能力、创新能力以及包括对未来职业发展至关重要的全面的胜任力还仍然需要更多的探索和基于人本设计的创新。如何能够更多地为处在乡村以及偏远地区的孩子们提供更为均等、全面的 STEAM 教育机会并给予他们同样

的鼓励等，都是值得更进一步探索与发现的。联合国儿童基金会作为致力于保护和促进儿童权益的联合国机构，长期关注并开展教育以及教育的公平性相关的项目。清华大学作为全球领先的教育基地，长期关注和探索 STEAM 教育的发展。为促进教育平权和经济发展，探索青少年研究的工作模式，双方针对 STEAM 教育开展青年主题工作坊及开展调研、创新设计等活动。

二、海外暑期实践

一直以来，清华大学有着一项优良传统：利用寒暑假时间组织学生赴海外进行实地探访。2019 年暑期，清华大学深圳国际研究生院派出实践小分队赴泰国、巴西、新加坡和马来西亚，考察当地的社会机构与企业，增进学生对世界多样性与人类命运共同体的认知，提升学生的跨文化沟通能力与全球胜任力，强化学生对中国发展道路和当代中国青年使命的认同。

（一）江河流波远　中泰友谊长｜记中泰实践支队暑假社会实践

7 月 21～28 日，国际研究生院 11 名师生前往泰国开展"一带一路"调研实践。在为期 8 天的考察学习中，团队走访了中华人民共和国驻泰王国大使馆、泰国科技园、东部经济创新走廊、泰国高校，并代表深圳 7 家初创公司或创新平台参与 2019 年泰国创新创业展活动，对中泰科技合作和国际化人才培养方面有了更深的认识，并积极探索建立中泰企业和高校长效合作机制。

1. 追溯中泰历史渊源，共话千年手足情深

7 月 22 日上午，实践支队前往中华人民共和国驻泰王国大使馆进行访谈交流。各位外交官向实践支队系统全面地阐述了中泰历史渊源及"一带一路"框架等，为实践支队深入了解中泰合作进程提供了重要渠道。

一等秘书（科技）指出，泰国是"一带一路"上重要的支点国家，两国交往最早可追溯至元朝。中泰友好源远流长，两国地理相近、血缘相亲、文化相通。改革开放初期，泰国正大集团董事长谢国民先生率先在中国投资建立工厂，成为第一个来中国投资的外资集团企业家，为我国带来了先进技术，培养了一大批优秀的农业人才。在政府合作层面，中泰（国）政府间科

技合作联委会由中国科技部和泰国外交部科技发展所共建，迄今为止已有40年历史，召开了23次联委会会议，共同支持了将近1000个项目。随后，新闻与公共外交处黄玉珏女士介绍称，目前中泰两国"一带一路"框架协议包括政策对接、设施联通、贸易畅通、资金融通、民心相通五个层面，为实现两国友好往来奠定了坚实基础。政治新闻处刘欲然女士对以上两位的观点进行了补充，并向我们详细描述了她来泰国从事外交工作的感受。

图 5-3　为支队成员与三位外交官深入交流

图片来源：清华大学深圳国际研究生院。

最后，三位外交官表示，当前"中泰一家亲"的友好合作关系持续发展，科技、经贸、农业、文化、医疗等合作领域潜力巨大、前景广阔。他们勉励清华学子，应当通过此次社会实践同泰国社会各方广泛接触、深化调研，传递中泰友谊，为推动科技合作及"一带一路"建设发挥积极作用。

2. 走进高新企业园区，探索泰国科创规划

在当前创新驱动发展的时代背景下，各国都在寻求科技创新和产业升级。作为"一带一路"的重要盟友，泰国和中国都面临低端粗放产业向创新集约产业转型的重大挑战。为了更加全面地了解泰国的科技战略和规划，实

践支队前往泰国科技园、东部经济创新走廊等科技创新机构调研学习，为未来中泰间企业与高校合作交流摸清方向、探明道路。

图 5-4 为 TSP、EECi 负责人与实践支队合影

图片来源：清华大学深圳国际研究生院。

泰国科技园（TSP）和东部经济创新走廊（EECi）是泰国政府为支持高新企业、促进科技创新而建立的高新园区和创新实验室。支队成员结合泰国农业大国的国情，就智慧农业、中国学生赴泰实习、泰国学生赴深企业实习等项目展开校企合作沟通，希望能促成未来双方在科技和人才方面的合作。

7 月 23 日，实践支队前往泰国地理信息与空间技术发展基地（GISTDA）实地调研。GISTDA 通过提供空间技术和地理信息学相关的系统服务，开发高端空间技术，运用地理信息学解决社会问题。在讨论中，成员们通过和"诗琳通地理信息中心"的老师及负责人的深入交流，就清华大学同 GISTDA未来的潜在合作进行了探讨。

7 月 25 日，实践支队前往泰国数字化经济促进局（DEPA）进行交流。DEPA 为实现赋能数字经济的初创公司提供系统服务，其中的入驻企业还包括前身成立于清华创业园的启迪之星。DEPA 与启迪控股及启迪之星的合作，也将在东部经济走廊区域打造更大更完善的孵化载体，进一步促进中泰两国在科创领域的交流。

Open FIESTA 2017 级硕士生王龙，是就读于清华的泰国国际学生。他作为腾讯的实习生，带领大家前往泰国腾讯公司进行参观，向大家介绍了腾讯视频海外版 WeTV 在泰国的发展情况，并表达了对 WeTV 传播中国文化的美好期冀。

3. 感受泰国创业精神，打造深圳创新名片

7月24~27日，实践支队在曼谷参加了 2019 年泰国创新创业展（Startup Thailand 2019）活动。泰国创新创业展是东南亚最大的创业展，会聚了来自全球各地的企业家、创业者和投资者。受泰国国家创新局局长班叻·猜拉达纳（Pun-Arj Chairatana）盛情邀请，实践支队代表 7 家深圳的初创公司及创新平台赴泰国参展，包括清华 i-Space、EverCraft、优板科技、Seeed Studio、深圳开放创新实验室、FPVSTYLE、LAPSCREEN，其中两个来自深圳展台的企业在国际路演挑战中获得了"最佳展示奖"。

图 5-5　中泰实践支队在泰国创新创业展展位前合影

图片来源：清华大学深圳国际研究生院。

在此期间，实践支队有幸受到了泰国科技部长素威·梅信西（Suvit Maesincee）博士的亲切接见，并向其介绍了此行目的及学院概况。部长称，他之前就了解到清华是中国的高等学府，他为实践支队来自清华而感到欣慰。实践支队告诉部长先生，他们想改变泰国民众及主流媒体对深圳的看法，让大家认识到这座城市实际上是一座充满高新技术和创新精神的城市。部长先生对此表示认同，并表达了对实践支队的支持。最后，实践支队向部长先生赠送了清华尺作为礼物，并与其握手合影留念。

图5-6 泰国科技部长素威·梅信西博士与队员们亲切交谈

图片来源：清华大学深圳国际研究生院。

此外，泰国国家多媒体集团联合创始人素提差·阮（Suthichai Yoon）先生也来到了实践支队的展位，与队员们进行了深入交流。首先，Open FIESTA 2017级硕士生、泰国国际学生王龙向其介绍了深圳创新生态建设情况；清华—伯克利深圳学院2017级硕士生席京阳向其介绍了支队推介的7家初创公司及创新平台。其次，他与队员们探讨了5G、IoT、AI等技术在两国的发展现状及两国创新政策的差异。最后，他祝愿实践支队在泰国有一次充实、愉快的实践之旅，并希望实践支队能通过此次调研进一步深化两国关系，将其提升至更高水平。

2019 年泰国创新创业展共持续 4 天，实践支队全程参与，一方面积极主动推介产品，推动中泰两方公司达成合作意向；另一方面推广深圳创新理念，力图打造创新名片，为深度融合泰国创新科技与深圳创新生态探明了道路。

4. 培养全球创新人才，全面开拓国际视野

本次活动中，实践支队有幸前往泰国国立法政大学（Thammasat University）、朱拉隆功大学（Chulalongkorn University）、玛希隆大学（Mahidol University）和泰国国王科技大学（King Mongkut's University of Technology Thonburi）下设的创新中心 KX 进行交流访问。

实践支队成员为泰国师生们介绍了清华大学以及清华大学深圳国际研究生院，希望通过此次实践，能够为未来的中泰学生留学交换、中泰学生高科技企业实习等方面提供帮助。泰方老师介绍了学校目前的留学生交流情况，并表示对未来与清华大学深圳国际研究生院的学生合作具有强烈兴趣。

在 KX 创新中心，首席运营官皮昂·旺纳帕潘（Piengpen Wongnapapan）博士首先介绍了中心发展情况，其为全社会创业者提供创业指导、课程培训、实验设备、基础设施等服务。支队成员向对方介绍了清华 i-Space 创业孵化器、深圳创新企业等，希望为中泰创新企业搭建合作的桥梁。

2019 年是中华人民共和国成立 70 周年、五四运动 100 周年，中泰实践支队积极响应国际研究生号召，以"我的事业，我的祖国"为主题，开展"起航计划"暑期实践，积极投身中泰"一带一路"建设。支队成员秉承清华学子勇于担当之精神，积极提升全球胜任力，为深化两国人文交流、科技合作添砖加瓦，做出新的贡献。

成员心得

此次实践旨在深化中泰关系，深入学习交流中泰创新科技，向泰国展示深圳高端科技和蓬勃创新精神，并启动两国在科技创新（STI）、人才培养方面的长期合作。一些泰国高校、企业和政府机构的负责人表示有兴趣与清华大学（清华 i-Space）、深圳企业及政府机构建立长期合作关系，以推动泰国在创新创业方面的发展。此外，曼谷和深圳之间的便利交通也为未来的长效

沟通提供了有利基础，这种双赢合作和"泰国4.0"计划、中国"一带一路"倡议高度契合，向世界展示当前时代背景下中泰科技合作新机遇。

（王龙）

清华大学为学子们提供了丰富的实践机会，使其能够在校园外增长知识、锻炼自我。我们实践支队的愿景是让大家能在跨文化交流中受教育、长才干，并对外积极推广深圳创新理念。通过访问曼谷的教育机构、科研部门和高新企业如玛希隆大学、DEPA、腾讯等，我们深入了解了其创新系统，并为他们介绍了南国清华的创新组织，搭建了双方的交流平台。在短短一周内完成如此之多的行程，殊为不易。

从长远来看，2019年中泰暑期社会实践是一项充满远景的举措。曼谷了解到了深圳的经济情况、创新计划和研发能力；深圳也将受到曼谷的启迪，为国际创新理念融合创造良好环境。

（Ayesha）

（二）"水"聚大国理论，行见中巴智慧——记"深行海外"巴西实践支队暑期社会实践

2019年7月2~14日，国际研究生院"深行海外"巴西实践支队10名师生赴巴西调研中资企业在海外的发展问题。在为期10天的考察学习中，支队走访了中国三峡（巴西）有限公司（以下简称"三峡巴西公司"）、国网巴西电力股份公司（以下简称"SGBP"）、国网巴西控股公司（以下简称"SGBH"），对中资企业在海外发展过程中遇到的企业发展、环境保护和文化融合等问题有了更加直观的了解与体验，并完成了相应的调研报告。

1. 如何在国外经营好一家中资企业——三峡巴西公司的成功经验

7月3日，巴西实践支队到访本次实践的第一站——三峡巴西公司，进行了一天的参观和交流。三峡巴西副总刘玉钧先生为大家介绍了公司海外发展历程和经营管理状况。刘总讲道，三峡巴西这几年的发展可以总结为四点：①因地制宜，准确把握市场特征；②战略先行，科学规划有序实施；③跨国经营，践行本土经营理念；④合作共赢，包容多元商业文化。

在自由交流环节，支队成员与公司的中国籍与巴西籍员工进行了座谈交流。在场交流的巴西员工来自财务、运营、人力资源等不同部门，双方谈到

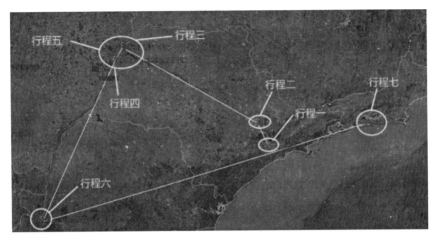

图 5-7　实践行程

图片来源：清华大学深圳国际研究生院。

文化差异、机遇和挑战等一系列问题。在文化差异上，他们提到在日常的工作交流中，双方员工会逐步建立联系、增进感情、加深理解、消除隔阂，但是前提是承认不同文化之间存在的客观差异，在尊重和理解的基础上求同存异。

2. 融合中巴经验，技术改造焕发电站新青春

7 月 4~5 日，巴西实践队员依次参观了三峡集团运营的两座水电站——朱比亚和伊利亚，亲身近距离接触水电设施，看到中国三峡在巴西所做出的成就。

2015 年底，中国三峡集团成功中标，获得总装机容量约 500 万千瓦的巴西朱比亚和伊利亚水电站 30 年特许经营权，朱比亚和伊利亚电站进入"三峡时代"。

三峡集团在收购朱比亚和伊利亚电站后对电站进行技术改造，旨在降低运维风险，提高设备可利用率，实现资产增值，促进三峡集团深耕巴西市场。经过三峡人的精心改造，朱比亚和伊利亚电站运行超过 40 年的机组重新"焕发青春"。

而对比于三峡控股的两座电站，实践队员们于 7 月 8 日参观了曾经世界上最大的水电站—伊泰普（ITAIPU）水电站。我国三峡电站筹划建设时，也多次派出过技术专家前来伊泰普电站学习访问。所以，其在很大程度上为

我国的三峡工程建设提供了很好的学习素材。

3. 社区文化融合，企业责任担当

当地时间 7 月 5 日，实践队员们有幸参加了在三峡巴西公司资助下的一个社会公益组织 Casa da cultural 的活动。Casa da cultural 是三湖市的一个社会公益组织，这里老师向学生们教授音乐、绘画等技能，丰富他们的生活，实现他们的梦想。

水电站项目周边的社区是企业能够接触到的最直接的社会责任群体，通过这种积极的方式参与到这些社区居民的生活当中，并与他们建立良好的关系，保持友谊，充分践行三峡集团的价值观理念，让社区居民能享受到水电开发对生态环境和生活品质的实质改善。

4. 从"引进来"到"走出去"，中国标准特高压落地巴西

7 月 4~10 日，巴西实践支队一行对国家电网在巴西的两家分公司进行了探访。国家电网在巴西的投资主要包括位于巴西坎皮纳斯的国网巴西电力股份公司（SGBP）和位于里约热内卢的国网巴西控股公司（SGBH）。支队成员深入公司的第一线，参观了位于坎皮纳斯的巴西电力调度中心、电力交易中心，电动汽车项目等。并分别与 SGBP 公司员工和 SGBH 公司员工进行了座谈交流，了解国网在巴西从发电、配电到输电全方位的投资布局及运营情况。

图 5-8　交流现场

图片来源：清华大学深圳国际研究生院。

综合管理部的李威为支队介绍了 SGBH 公司在巴西的发展历程及现在的发展情况，尤其是对 SGBH 公司成功将中国的特高压技术标准引入巴西并成功落地进行了详细的讲解，并跟支队成员分享了公司在项目建设过程中的典型案例和事件。

2014 年以来，国家电网巴西控股公司先后中标巴西美丽山水电站送出项目一、二期工程，全面实现特高压技术及标准落地巴西。其中总长超过 2500 千米的巴西美丽山二期特高压输电项目途经巴西 5 个州、78 个城市，是中国企业在海外独立投资、建设和运维的首个特高压输电项目，也是世界距离最长的±800kV 特高压直流输电工程。项目实现了中国特高压输电技术、电工装备、工程总承包和运行管理的一体化"出海"，成为中国在巴西乃至拉美地区推进"一带一路"建设的重要实践。

成员心得

巴西水资源丰富，由此发展起来的电力行业也是巴西整个市场非常重要的一环。而由于前几年巴西政局动荡，经济低迷，国网和三峡集团得以进入巴西，积极本土化，适应当地的文化氛围和风俗习惯，特别注意环保建设。在建设发电站和输电线时，如果途经动物的栖息地或者植被覆盖区，都要将动植物先暂时移植，等工程结束，再为其建一个和原来类似的居住地，将它们迁回来。这也让我为巴西的环保理念而赞叹。

在与巴方员工座谈中，能感受到他们对中国的认可和对中资企业在当地的接纳。中国企业的进入，为他们带来了更多的就业机会，也投资建设了很多基础设施，造福当地百姓，也越来越多地得到理解和支持。以三峡和国网为代表的央企正在担当起肩负的海外社会责任，中国也在以一种新的姿态"走出去"。

（高如意）

通过此次调研，让我更加深刻意识到了中资企业在巴西开展工作的艰辛，这些都是我们在国内所无法想象的，例如在同三峡巴西中方员工会谈时谈到的与同事相处时面临的语言以及生活习惯上的障碍，在国家电网调研到的"美丽山"一期工程开展时与当地居民协调搭建基础设施问题等。在这样的环境下，也着实被三峡水电站庞大的工作场景和取得的成绩、国家电网"特高压"工程提前竣工并成功开展感到震撼和自豪！

（孙伟政）

结语

本次实践活动，支队成员第一次与数十位中资企业的外籍员工进行深入交流，第一次深入大型水电机组技术改造的现场，第一次在海外感受中资企业的社会责任担当，这让支队成员对它们的发展之道有了更加全面的了解。中国企业在海外不仅做好的是业务，更重要的是为祖国打开了一面对外展示的友谊之窗。

中国企业走出去，筚路蓝缕，披荆斩棘；

中国青年走出去，天地广阔，大有可为！

（三）清深赴新马，共赢创新城 | 记"深行海外"新马支队暑期社会实践

2019 年 7 月 1~9 日，国际研究生院"深行海外"新马支队 11 名师生赴马来西亚、新加坡调研两国在城市建设中的能源与环境基础建设。在为期 8 天的考察学习中，新马支队走访了中国交建马东铁项目总经理部、亚太经合组织（APEC）秘书处、马来亚大学孔子学院、通商中国和新加坡中国学者学生联合会等，对"一带一路"国家的经济发展、能源环境问题及创新创业等方面有了更加深入的了解与体验，并提出相应的调研报告。

亮点一 青年责任 大国担当 | 新马支队造访亚太经合组织（APEC）秘书处

7 月 9 日，新马支队来到位于新加坡的亚太经合组织（APEC）秘书处，开展座谈交流。会议上，APEC 秘书处代表详细介绍了 APEC 组织的成立背景、发展情况及主要工作。新马支队成员代表向大家介绍了我国"一带一路"倡议、"粤港澳大湾区"规划及实践支队的背景。

亚洲太平洋经济合作组织（Asia-Pacific Economic Cooperation，APEC），简称亚太经合组织，APEC 于 1989 年 11 月成立，该组织为推动区域贸易投资自由化，加强成员间经济技术合作等方面发挥了不可替代的作用。APEC 秘书处于 1993 年 1 月在新加坡设立，为 APEC 各层次的活动提供支持与服务。

在座谈会上，问答环节，针对同学们密切关注的近期中美贸易摩擦等问题，秘书处工作人员表示："中美双方均是经济体量大国，贸易摩擦的影响

图 5-9　新马支队在 APEC 合影

图片来源：清华大学深圳国际研究生院。

不仅存在于两国，对世界范围内的经济体均有影响，APEC 应努力推动成员之间达成共识从而开展经济合作。"工作人员还鼓励成员积极关注 2019 年在智利举行的 APEC 峰会。针对新加坡的能源经济发展状况问题，工作人员结合自然资源、地理区位等因素分析了新加坡及东南亚地区能源经济发展的优劣势，提出提高能源利用效率和可再生能源在总体能源结构中的比例两个节能环保目标，同时列举了新加坡在水处理、减少空调系统使用、限制交通工具数量和引进新能源汽车等方面的环保举措。此外，本次座谈还对组织吸纳新成员、清华学生进入国际组织实习等问题进行了深入探讨。

亮点二　交融天下，建者无疆 | 新马支队走访中国交建

7 月 2 日，新马支队来到位于马来西亚首都吉隆坡的中国交建马来西亚东海岸铁路项目总经理部开展座谈交流。中国交建作为全球领先的特大型基础设施综合服务商，业务足迹遍及世界 100 多个国家和地区。马来西亚东海岸铁路项目（ECRL）是由中国交建承建的首次走入马来西亚的中国铁路，也是未来几年马来西亚乃至东南亚最受关注的超级工程，该铁路的运营不仅

推动当地旅游业全面发展，还会推动中马人民实现民心相通，拉近距离，推动共同发展。

东海岸铁路项目具有三高（关注度高、设计技术标准高、安全质量要求高）和三大（规模庞大、风险巨大、时空跨度大）的特点，是一项非常有挑战性的工程项目。项目的建设难度较大，对于建设装备的要求很高，承担该项目的设计与建设体现了中国高铁建造技术的先进性和成熟性。未来中国交建也将遵循"共商、共建、共享"的原则，在铁路建成通车后，与马来西亚政府共同进行铁路的运营与维护，并在铁路沿线筹建产业园，吸引企业进入马来西亚进行投资发展，增加就业机会，产生切实的经济效益与社会效益，促进当地发展。

图 5-10　走访合影

图片来源：清华大学深圳国际研究生院。

亮点三　全世界都在学中国话｜新马支队走进孔子学院

7月4日，新马支队一行前往马来亚大学孔子学院与孔院师生代表开展交流座谈活动。马来亚大学孔子学院成立于 2009 年 7 月，2010 年 3 月开始正式运营，是马来西亚的第一个孔子学院，2013 年底被评为全球优秀孔子学院。马来亚大学孔子学院中方院长王正海先生对新马支队的到来表示了欢迎，外方院长 NoorZalina Mahmood 女士为大家详细介绍了马来亚大学孔子学院的发展情况，重点交流了马来亚大学孔子学院近年来在汉语教学、文化推广及高校交流合作方面取得的成绩。在自由交流环节，来自马来亚大学多名学生代表与新马支队成员进行了自我介绍，并结合代表间不同的专业背景和求学经历就国际化教学、能源环境等话题展开了深入的探讨。

亮点四　共话青年成长　共建两国情谊 | 新马支队探访通商中国

7 月 7 日上午，新马支队与通商中国青年组相约新加坡华族文化中心开展交流活动。通商中国（Business China）是由新加坡建国总理李光耀倡议，由李光耀、温家宝于 2007 年 11 月共同正式启动的一个新加坡非政府、非营利性组织。组织希望综合语文、经济和文化元素，建立一个以华文华语为交流媒介的平台，造就一批双语双文化的新加坡人，保留新加坡多元文化传统，搭建联系中国与世界各地文化和经济的桥梁。通商中国立足新加坡、连接中国、放眼世界，旨在服务通商中国会员和商界人士，协助培育"新中通"人士。在自由交流环节，双方 30 位中新青年代表分别就两国能源环境、创新创业等话题，结合国情民生与自身知识储备进行了深入交流。

亮点五　仁杰汇新马，共话校友情 | 新马支队探访马来西亚、新加坡清华校友会

在本次海外实践中，新马支队先后与马来西亚、新加坡清华校友会开展了交流活动。

7 月 3 日，新马支队在启迪之星（马来西亚）的支持下，与马来西亚清华校友会开展了以"新能源与环境"为主题的交流会。马来西亚清华校友会会长刘志伟（教研 2011 级硕士）、多名清华校友以及支队全体成员参与了本次交流会。交流会上，厦门大学马来西亚分校助理教授温国绅、环境系 2009 级校友宋楚雯、环境系 2004 级校友罗同顺分别就"新能源与环境"主题进行了分享。在交流环节，同学们就"马来西亚该如何实现政府所推出的新能

图 5-11　走访海外校友会

图片来源：清华大学深圳国际研究生院。

源目标""再生能源配额问题"等议题进行了讨论并发表看法。结合在马来西亚当地的实践调研，支队成员进一步了解了马来西亚当地新能源与环境发展状况。

7 月 6 日，支队一行队员与新加坡清华校友会开展了交流座谈活动。校友会会长张明、秘书长莫家周和理事赵永昌参与了本次座谈交流。座谈会上，支队成员们了解了新加坡清华校友会的基本情况，并对机械系 1984 级校友张明进行了创业访谈；环境工程系 1984 级校友赵永昌，专长于水处理及环保项目的技术工程和投资运营，他结合自身专业与支队的调研主题，就新加坡水处理问题与大家进行了交流；化工系 1997 级校友莫家周也向支队成员分享了自己的创业经历，并和支队成员交流了对新加坡创新创业环境的看法与见解。

成员心得

古人云："美人之美，美美与共，天下大同。"中国作为一个有着五千年文明的古国，始终以积极的态度、开放的心态承担着大国责任，打造人类命运共同体。"一带一路"倡议的发展，更有利于实现中外政策沟通、设施联通、贸易畅通、资金融通、民心相通五大愿景。我们也应努力成长为"国际型、复合型、创新型"的青年人才，在国际舞台上让世界听到中国的声音。

（李振龙）

推动各国共同繁荣发展，构建人类命运共同体，需要更好地发挥语言在增进理解、凝聚共识、促进合作、深化友谊中的独特作用。这也勉励我们新一代清华学子，积极培养全球胜任力，为构建国家友好交往平台、深化中外友好合作及全球化发展贡献出自己的力量。

（宋甜甜）

在与马来西亚、新加坡的清华校友会前辈们交流的过程中，我们感受到了清华校友会家一般的温暖。前辈们坚韧踏实、精益求精的创业精神也深深感动着我们。我们更加相信，作为清华学子，"自强不息、厚德载物"的校训将在我们的一生中打下深深的烙印，"行胜于言"的校风将成为伴随我们终生的风格品质。共勉不忘初心、做敢于追梦的人。

（麻燕青）

结语

在全球化的大背景下，新时期的中国青年人应该勇担重任，展现青年一代的风采，呈现青年一代的智慧；因热爱而努力，为使命而坚持，不忘初心，全力以赴，用吾辈之所学，向世界彰显中国青年的力量！

第六章　TBSI 的研究生全球
胜任力调研分析

TBSI 在培养研究生全球胜任力上积极探索教学实践，为师生提供了强有力的师资和科研保障，并努力营造国际化和多元化的外部学术环境。但一直以来由于学术界还未对全球胜任力的定义提出统一的明确的概念，因此，对于全球胜任力的解读各有侧重点。从教师培养学生的角度，全球胜任力是当今时代对青年人才要求的必备素养，无论是做研究，还是参与其他各行各业的工作，都要有跨国界跨文化的包容心，集各国智慧之长，才能做得更好，走得更远。如今学生成长在越来越多样化、多学科、多国籍的学习环境中，也希望得到更多的锻炼机会，以更好地应对和解决更复杂的社会问题。基于这样不同的出发点和思考角度，本章将对 TBSI 的教师团队和学生团队分别进行调研。调研目的主要分为三个方面：第一，深入研究 TBSI 全球遴选的优秀教师对于研究生全球胜任力培养的解读和期望，从而完善理论框架和内容；第二，TBSI 在校学生对全球胜任力的认识，从而了解学生期待学院提供哪些相关的资源，组织哪些有益的活动；第三，对 TBSI 在校学生的全球胜任力水平进行情景测试，了解学生的整体水平，从而有针对性地调整相应的培养计划，组织相关的活动。

第一节　TBSI 教师视角下的研究生全球胜任力

为了深入了解教师对研究生全球胜任力的想法和建议，采取了一对一面谈的形式，每次面谈时间不少于 30 分钟，主要围绕以下五个问题展开深入的探讨：

（1）"全球胜任力"对学生培养的重要性和必要性？

（2）如何评价、排序清华大学提出的六大核心素养？

（3）研究生的全球胜任力是否和本科生的有所差异？各有什么侧重点？

（4）对新提出的针对研究生的全球胜任力培养方案是否认同？如何排序？

（5）如果学院要开展针对研究生全球胜任力的培养和提升，有什么建议？开展哪些活动？

确认了研究问题后，邀请 TBSI 所有全时教师进行问卷调查。同时，为了尽可能多的听取全面的意见，还选取了多位伯克利加州大学的教授和清华大学的教授。所有参与面谈的教师均有跨国学习、工作和科研的经历，教育背景既涉及我国的高等学府，诸如清华大学、北京大学、复旦大学、浙江大学、中国科学技术大学等，也涉及国际顶尖的高校，诸如哈佛大学、普林斯顿大学、伯克利加州大学、南加州大学、密西根大学、新加坡国立大学等。作为已经拥有出色全球胜任力的科研佼佼者，他们自身的多元化教育背景积累了丰厚的经验和资源，在多元文化的熏陶下，他们是全球胜任力的实践者和传播者。对于研究生全球胜任力的培养，他们提出了以下有益的建议：

一、全球胜任力的必要性和重要性

参与调研的老师一致同意，随着我国国际化程度越来越高，"闭门造车"式的学习和研究已经不符合时代发展的需求，无论是"走出去"还是"引进来"，全球胜任力对学生的培养在大学时期至关重要。尤其是作为一名科研工作者或者从事研究工作的学生，更应该理解"世界学术圈"的概念。从专业知识的角度，需要全球性的交流来了解和引领学术发展的前沿，顺应国际发展趋势。从学术资源的角度，全球拥有多元而丰富的地域、文化和知识差异，但却有相对统一的学术规范，如何熟练掌握国际通用的"学术语言"，对学生的科研事业影响重大。从中国学生的角度，总体来看，中国的学生十分勤劳，学习用功，也很聪明，但有一个担忧，在现有的以论文为导向的学术评价体系下，并且，在受到奖学金、评优、项目的目的性导向型影响下，很多学生做科研开始变得很浮躁，不清楚甚至抱着侥幸的心理去触碰学术伦理规范的底线。因此，对学生全球胜任力的培养目的本身不是为了培养"国际化人才"而"国际化培养"，而是不断提升学生各方面的综合素养，遵循国际学术的基本规则，从而能用国际上一流的技术、创新的方法来解决中国的实际问题。

二、清华大学全球胜任力六大核心素养的评价

参与调研的老师总体比较认可清华大学提出的全球胜任力六大核心素养，尤其是提出应该把"道德与责任"和"沟通与协作"两项放在最重要的位置上，这两点也是最难培养的。"道德与责任"是一切学生培养的基础和基石，我们现有的高等教育培养体系对这一项基础能力的关注度和实践十分缺乏，还需要大量的教育工作者共同探讨。"沟通与协作"是学生培养的重要能力指标，不仅仅是在多元的文化环境下需要有良好的沟通合作能力，即使是在单一的语言或者文化条件下，也十分重要。对于如何提升沟通与协作能力，有的老师提出，要不断加强实践，多给学生提供交流的机会和平台，营造真实的语境和环境，沉浸式的参与能让学生得到实际的锻炼。

被访老师提到了"自觉与自信"与"开放与尊重"的重要体现，这两个层面是一种自我认识和认识外界的基础，自我驱动力和同理心是学生成长中的自发动力，很难通过培养快速获得，应该是一个缓慢增长，不断加强的过程。

而对于"语言"和"全球知识与全球议题"，老师们认为，这两项是最容易培养和很快会习得的技能。如今，英语应该是学者的必备能力，尤其是对于研究生而言，不仅是通过基础的英语考试，而且是扎实的英语应用功底，包括英语学术写作和国际会议上英语交流的能力，这往往是我们大部分本土培养出来的学生比较薄弱的环节，应有相应的措施引导和加强。比较意外的是，几乎所有老师都把"全球知识与全球议题"放在了最后的位置，追寻原因，答案是因为最容易习得，比如积极参与国际学术交流活动、申请交

换的项目、结交外国的同学和朋友，甚至关注国际新闻或看英文电影都能很快获得相关的知识。与之相对应的是比较难习得，却对研究生十分关键的是"国际学术准则"，比如行文规范、学术伦理、会议展示等方面的能力。在谈及全球和国际化时，很多学生的着眼点只有西方发达国家，对亚洲及其他文化的认识和包容还停留在较为初级的阶段。总结起来，清华大学提出的六大核心素养其实已经远远超越了全球胜任力的范畴，并不是为了跟风式的培养，其对青年提出了更高的要求，并需要严格要求自己，从个人认知、个人能力到基本道德素养、沟通协调能力都要全面发展，而要做到这样的人才培养模式，还需要多方的共同努力，其任重而道远。

三、研究生与本科生培养各有侧重点

本科学生的基数相对较大，应以加强学生的基础知识学习为主，同时注重养成良好的行为和学术习惯，务必应该把语言的基础打扎实。从授课形式上，应该以授课型教学和案例型教学为主。与之相对的，研究生的数量相对于本科生的数量较少，学校以培养学生分析和解决问题的能力为主，不再以授课、被动接受知识为主，应该在导师的带领下，自主自觉地积累过硬的专业知识，需要有一定的主观能动性在学术的海洋中自我成长，对学科和知识的前沿有较强的把握和敏锐的直觉。同时，也要在实践中积累多元化的能力，比如将研究的知识有效地表达和传播、与交叉领域良好的结合和融合、有效的语言和文字沟通能力等。尤其是博士研究生，对专业素质的要求更高，多参加国际学术会议、清楚国际学术规范对他们来说是至关重要的。这在某种程度上，也印证了研究生全球胜任力培养的重要性和必要性，对于博士和硕士研究生的培养，与本科生的培养模式有着较大的区别。

四、研究生全球胜任力培养框架评价

参与调研的老师比较认可新提出的研究生全球胜任力培养框架，尤其是非常认同"批判性和创造性思维"，并将这一项指标排在第一位。与研究生培养的目标相呼应，主要目的是培养学生分析和解决问题的能力，需要其独立思考，而批判性思维注重"求真、唯真"，启发学生敢于思考和挑战，培养学生站在前人肩膀上发现问题的能力，创造性思维有助于寻找解决问题的方案。排在第二重要的是"国际化专业能力和修养"，作为一名当代的学者，要广泛地与国际学术界接轨，这需要熟悉国际学术界的运行规则，比如学术文章的写作规范、学术伦理道德规范、学术会议的沟通方式等，这在我国的大学生培养体系中还比较薄弱，却至关重要，需要引起重视，更需要学生主动地提升。因此，几位老师建议突出学术规范的重要性，将这一指标调整为"国际化专业能力和国际学术规范"。对于"世界和传统语言"这一培养指标，老师们认为表达不够确切，首先，从语言的角度，英语是国际通用语言，研究生的培养应该强调的是英语的熟练使用能力，必须能用英语阅读文献，能够自如地用英语和中文进行口头表述和写作，因此出色的英文和中文表达能力是研究生的必备能力，其他第二外语则是锦上添花。其次，在清华大学提出的全球胜任力六大核心素养中，着重强调了"道德与责任""沟通与协作""开放与尊重""自觉与自信"，这从某种意义上也是我国传统文化中所崇尚的"仁""义""道""德"。基于以上几点考虑，"世界和传统语言"调整为"世界通用语言和我国传统文化"更为贴切和具体。最后，对于"世界公民意识和全球使命感"的表述争议较大，老师们认为，由于地域、文化、经济、政治等差异，人类被划分成了不同的群体，带有国籍、种族、名族等标签，"世界公民"的概念不太容易理解，更多的应该被诠释为"我们都一样"，从而理解和尊重不同类型的社会形态发展，对全球面临的共同问题有敏锐的观察和洞察力，在充分的自我驱动力下，将国际上好的案例和方案用于解决我国乃至世界面临的现实问题，同时也将我国实践中的一些好的经验分享给世界。因此，"世界领导力和全球使命感"从表述上会更加容易理解，也给予我们的年轻人更多的责任感和自信心。根据老师们的建议，对原有的框架调整进行了部分优化和升级。

五、研究生全球胜任力培养及提升活动

基于对全球胜任力培养的认可和解读，参与调研的教师提出了一系列对研究生培养有针对性提升的活动建议。

1. 开设相应的选修课程

如图 6-1 所示，关于研究生全球胜任力的培养，可以针对前文提出的四个维度"批判性和创造性思维""国际化专业能力和国际学术规范""世界领导力和全球使命感"和"世界通用语言和优秀文化传统"开设选修的课程，具体举例如下：

图 6-1　全球胜任力培养的四个维度

（1）批判性思维训练及写作课程：在学术的环境下，根据不同的学科，挑选相应的文章展开"挑错题"的训练方式，让学生对文章的逻辑进行梳理，尝试寻找文章中哪些地方还有待改善，站在作者的角度进行回应，并找出哪些方面可以继续深入研究。

（2）人类学相关知识：目前 TBSI 共设立有三个研究中心：环境科学与新能源技术研究中心、数据科学与信息技术研究中心和精准医学与公共健康研究中心。三个研究中心都是围绕人类的基准和范畴，因此从生物和文化的角度对人类的发展有一个基本的认识，有助于学科深层次的融合。

（3）优良传统文化和道德规范系列课程：中西优良的文化荟萃、学术伦理规范等相关课程的开设。旨在从理论层面，吸收好的文化传统，提升学生的道德修养水平。同时，诸如国学、世界历史、科技发展史、审美的历程等人文课程，也能很好地陶冶道德情操，增长见识。

（4）实验室安全规范管理课程：提高学生的安全意识和实验室管理规

范。参照国外每月开设严格的必修课程，学生通过考核，获得实验室安全认证才能正式进入实验室做实验。从根本上让学生谨慎地对待实验室安全问题，排除侥幸心理，提高实验室安全管理。

2. 各类型跨文化讲座

各种类型的讲座活动、分享会、讨论班和工作坊，有利于加深师生对不同国家和文化的认识，比如，来自不同的国家的师生通过自己的亲身经历分享自己国家的文化、艺术形式及社会形态等。同时，国际型的学术会议也有助于提升学生对国际学术规范的认知能力，从而提升全球胜任力。

3. 多元化有趣的实践活动

除了课程和讲座这类形式相对比较正式的形式，还可开展一些形式多样灵活、互动性更强的活动。

（1）国际学生美食节：美食是全球通用的"语言"，来自不同国家和地区文化的师生在轻松自在的氛围下，吃一吃，聊一聊，有助于众人参与，在实践活动中，从美食的角度出发，认识不同的文化和习俗。

（2）走出校门系列活动：与政府、企业、社会组织形成长期合作的关系，让学生走出校门看一看，听一听。学校外的世界能有助于学生立足社会，观察世界，了解社会的需求，从而提高思辨能力和沟通交流能力。

（3）世界艺术文化体验兴趣活动：将各个国家和地区的音乐、舞蹈、绘画、艺术等形式丰富多样的活动组织成为不同的兴趣小组，让学生亲身体验不同的文化和艺术形式。

4. 学生组织的社团活动

除了由学院和教师牵头组织的相关活动之外，学生更应该发挥青春活力的特性，主动参与到活动组织中来。比如，在伯克利加州大学，学生会和研究生会每个月都会定期组织一次活动，活动形式不限，既可以是邀请外界的嘉宾作非正式的报告，讲述不同的故事，介绍自己国家的地理、历史、经济、文化现状，也可以是学生的课题分享。在纯英语的环境中，暂时保管参会者的手机，全身心地参与本次活动。伯克利加州大学会给学生的活动提供相应的经费支持，如提供比萨和饮料、必要的交通费等，同时对活动的组织者提供精神和物质的奖励，力保活动的组织可持续发展。由学生发起组织的活动更贴合学生的实际需求，更容易受学生欢迎，还能充分发挥学生的主观能动性, 调动其积极性, 培养组织者的领导力和沟通协调能力, 是一种十分值得推广的方式。

第二节　TBSI 研究生眼里的全球胜任力

基于以上对教师团队的访谈研究结果, 针对 TBSI 在校学生, 随机抽样回收了 124 份有效问卷, 从学生的基本情况、对全球胜任力的认识以及清华大学全球胜任力情景测试等多个方面进行了研究调查, 从学生的角度探究全球胜任力的重要性和构成要素, 以及他们所需要的、所喜欢的相关活动。

一、学生基本情况

在 124 名参与问卷调查的学生中, 有 58.1% 是男生, 41.9% 是女生。年龄阶段主要分布在 18~25 岁, 占比 61.3%, 其次是 25~30 岁, 占比 37.1%。从学历构成的角度来看, 58.1% 是硕士研究生在读, 32.3% 是博士研究生在读。加入 TBSI 的时间, 50% 的学生是刚加入的新生, 不满 1 年, 而超过 3 年的高年级学生参与较少, 占比仅有 2.4%（见图 6-2）。

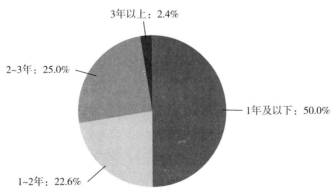

图 6-2　加入 TBSI 的时间年限

如图 6-3、图 6-4 所示，参照我国 2010 年人口普查的职业分类方法（阎光才，2017），将研究生父母亲的职业分为七大类：第一，企事业单位等机关组织；第二，专业技术人员；第三，办事人员和有关人员；第四，商业、服务人员/农林牧渔和水利人员；第五，生产、运输设备操作及有关人员；第六，军人；第七，其他。从学生父母的职业类型来看，占比最多的为企业单位等机关组织（父亲职业占比 43.5%，母亲职业占比 39.5%）。除了其他一栏，其次是商业、服务人员/农林牧渔和水利生产人员（父亲职业占比 18.5%，母亲职业占比 19.4%）。这与 20 世纪以来，在西方国家出现的选择学术研究作为职业呈现中产阶级化的趋势比较吻合，究其原因，正如阎光才所分析的，中产阶级特有的教育经历、职业喜好、人生观价值观与文化情趣会显著影响子女的偏好和选择。第一，就社会认知度来说，中产阶级家庭，尤其是收入比较稳定的企事业单位机关组织，更希望自己的子女未来从事社会地位高，相对稳定的职业，这就离不开要接受更高层次的教育。第二，中产阶级对高等教育的重视程度相对较高，能够支撑研究生漫长的学习过程所花费的经济和精力成本。第三，社会对高学历的要求和需求逐渐变高，研究生的学历已成为很多高层次职业的必备条件。因此，父母职业为企业单位等机关组织、商业、服务人员、农林牧渔和水利生产人员的中产阶级，培养了较多的硕士和博士研究生。

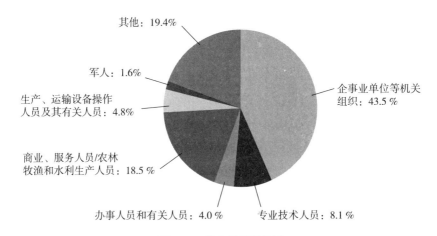

图 6-3 父亲从事的职业

但从家庭年收入来看，TBSI 的研究生家庭总收入占比最多（40.3%）的

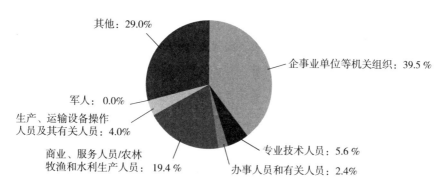

图 6-4　母亲从事的职业

是 10 万～20 万元，其次是 10 万元以下，占比 31.5%（见图 6-5）。从这个数据来看，并不是中等收入和中低收入的家庭占大多数。家庭收入并没有直接影响学生受教育程度的一个很重要的因素是 TBSI 为博士研究生提供了丰厚的奖学金。奖学金的数量能够满足学生在校期间的基本生活需求，即使学习的年限比较长，也不会给家庭带来太多的经济负担。

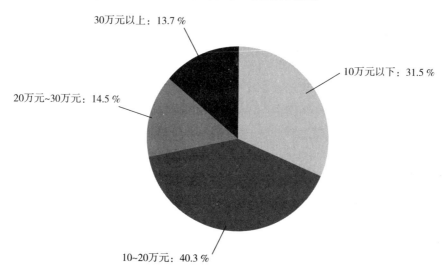

图 6-5　家庭年收入

二、学生眼里的全球胜任力

本小结调查内容大致从学生对全球胜任力的了解程度、重视程度、对两个核心素养框架内容排序及相关活动的认可程度着手，从多个角度研究了 TBSI 在校研究生对全球胜任力的理解。根据问卷结果，绝大多数 TBSI 在校研究生在一定程度上了解全球胜任力，其中 8.1% 的学生选择了非常了解，63.7% 的学生表示了解一点，28.2% 的学生表示完全不了解（见图 6-6）。从这个角度来说，还有接近 1/3 的学生完全没有接触过全球胜任力的概念，学院通过课程、讲座和活动等形式进一步加大全球胜任力的宣传还是十分有必要的。这在全球胜任力的重要程度一组数据中，也得到了印证。在问及学生："相较于技术性的'硬实力'，'全球胜任力'这种软实力是否重要？"学生的回答比较客观，有 75.8% 的学生认可全球胜任力的重要程度，其中 16.1% 的学生认为全球胜任力这类软实力的重要程度超过了技术性的硬实力。当然，也有 8.1% 的学生专注于技术，认为全球胜任力没有那么重要（见图 6-7）。有趣的是，虽然这小部分学生认为全球胜任力不太重要，但基于 TBSI 教师团队提出来的一系列全球胜任力的活动中，这部分学生还是表示出了一定的兴趣，后面会有详细的分析。

对清华大学提出的全球胜任力六大核心素养，学生对各项指标重要程度的排序与教师有一定的差别。学生认为最重要的排在第一位，排序是：

道德与责任>世界知识与全球议题>语言>沟通与协作>开放与尊重>自觉与自信

而老师们的排序则为：

道德与责任>沟通与协作>自觉与自信>开放与尊重>语言>世界知识与全球议题。

值得肯定的是，大部分的学生和老师，都将"道德与责任"放在了第一位，多位老师提出，这一指标不仅关乎全球胜任力的提升，更应该是学生培养的基础，从事学习和工作最重要的基石。然而在传统的高等教育中，针对提升学生道德修养和责任感的课程并不多见。虽然道德与责任属于个人修养的范畴，而且比较难习得，但开展一些相关的实践活动，有益的讲座、工作

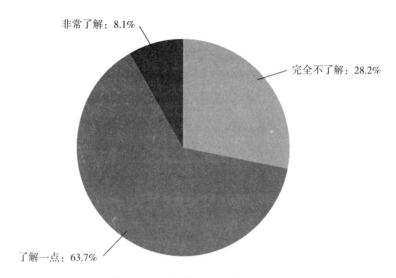

图 6-6　对全球胜任力的了解程度

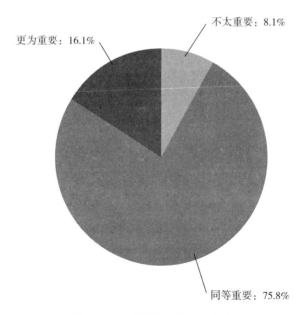

图 6-7　全球胜任力的重要程度

坊和分享会，能为学生提供一个良好环境，增加自我提升的意识。与老师的看法不同，学生们将"世界知识与全球议题"排在了第二位，从某种意义上，显示了学生们有意识去关注全球性的议题，不考虑习得的难易程度，是学生心目中全球胜任力中比较关键的一环。因此，可以预见的是，一些有关介绍世界知识和全球议题的活动应该是学生喜闻乐见的，学生有较强的主动性和自觉性去提升这方面的见识。之后，学生的最重要指标排序分别是"语言""开放与尊重"和"自觉与自信"。老师将学生认为相对没有那么重要的"自觉与自信"放在较为靠前的位置，认为培养学生的"自觉与自信"是增加自我驱动力的重要方面，有助于帮助学生主动地探索问题，解决问题。从两组不同的排序结果可以看出老师和学生对于培养"全球胜任力"有着不同的期待，除了对道德与责任是一致认可之外，学生希望学校和老师在开展提升全球胜任力实践中，提供更多的途径认识世界和提炼全球议题，在语言习得方面给予更多指导和练习，然后在沟通协作、开放与尊重、自觉与自信能力提升角度创造更多机会；而老师理想中拥有优秀的全球胜任力的学生，应该是善于沟通与协作的，有较强的自我驱动力，懂得尊重他人文化，精通英语，同时了解一点世界的普世常识和全球前沿的科研问题。两者之间的差异性也给我们一个启示，在实际开展全球胜任力活动时，既要充分发挥老师的主导作用，也多倾听学生的诉求和想法，才能求同存异，设计出切实可行，学生真正需要的课程和活动。

针对本书提出的研究生全球胜任力的框架，学生和老师的排序如下：

学生：批判性和创造性思维>世界议题和全球使命感>国际化专业能力和修养>世界语言和传统文化

老师：批判性和创造性思维>国际化专业能力和修养>世界语言和传统文化>世界议题和全球使命感

如表6-1所示，大部分学生与老师认为"批判性和创造性思维"是最重要的培养指标，公认的学术生涯必不可少的素养。排在第二位的是"世界知识和全球使命感"具体原因与上一段的分析类似。值得注意的是，学生将"国际化专业能力和修养"排在了"世界语言和传统文化"之前，说明学生有较强的意识和意愿提升自己对国际学术规范规则的熟悉程度。教师将"国际化专业能力和修养"放在第二位也表明了对其重视的程度，因此，在研究生全球胜任力的教育和培养中，"批判性和创造性思维"及"国际化专业能力和修养"要放在较为优先的考虑范围，是学生和老师的共同刚性需求。然后再辅以"世界知识和全球使命感"和"世界语言和传统文化"的相关活动，从多个层面和深度来提升学生的能力，使之顺利地与世界对话，与国际前沿接轨。

表 6-1　指标排序

选项	排序第一位	排序第二位	排序第三位	排序第四位	综合排名
世界知识和全球使命感	39	29	40	16	2
世界语言和传统文化	12	31	23	58	4
批判性和创造性思维	55	23	31	15	1
国际化专业能力和修养	18	41	30	35	3

根据教师提议的提升研究生全球胜任力系列的课程和实践活动，问卷节选了六大类型的活动供学生多项选择，总体上都受到了学生的认可（见图 6-8）。

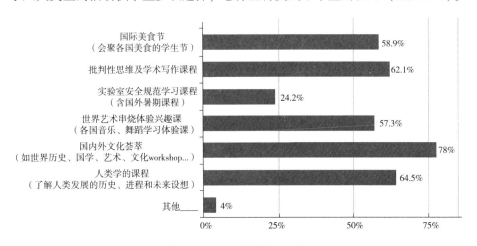

图 6-8　六大类型活动占比

最受学生喜欢和期待的活动是"国内外文化荟萃（如世界历史、国学、艺术、文化 workshop）"，有 78% 的学生选择愿意尝试类似的活动。这与问卷中前两项调查结果中，学生把"世界知识和全球使命感"及"世界知识与全球议题"排列在很靠前的位置相互呼应。因为学生认为全球议题及相关知识很重要，所以对国内外文化荟萃的活动，表现出了浓厚的兴趣，也因为形式灵活多样，受欢迎程度远远高于其他的活动类型，可以作为重点开展的活动参考。

"人类学的课程（了解人类发展的历史、进程和未来设想）"和"批判性思维及学术写作课程"分别有 64.5% 和 62.1% 的学生表示愿意参加。人类学相关课程在传统的工科学生培养体系中并不常见，从此次问卷调查中可以看到学生的重视程度和积极的参与意愿。在这一方面给了我们一些启发，对于基础科学和应用科学这些"硬科技"的研究和学习，我们缺失了对更加宏观层面的"人类"这个范畴的关注，但科技发明和进步的背后，一直围绕为"人类"谋福祉这个根本的目的。学生愿意去了解人类发展的历史和进程，从而对未来展开大胆丰富的想象，这对研究生的学生无疑是非常有好处的。正如提出者而言，人类学的基准，也为学科的交叉发展提供了深层次的平台。比较意外的是，学生虽然把"批判性和创造性思维"看作是最重要的全球胜任力能力指标，但是对于"批判性思维及学术写作课程"却并不是最热衷的。一来在形式上，是不是还有比课程更为吸引学生的组织形式；二来考虑到其重要程度，作为师生都十分关注的基本科研能力，是否考虑从研究生培养方案和目标中入手，将其列为必修课程或者专业课程，值得进一步研究和探讨。另外，"国际美食节（会聚各国美食的学生节）"和"世界艺术串烧体验兴趣课（各国音乐、舞蹈学习体验课）"也颇受欢迎，超过一半多的学生愿意参加类似活动。

比较让人担忧的是，正如提出者所言，受到国内大环境的影响以及实验室安全问题长期缺乏关注，学生普遍并不太重视实验室安全和规范，也很少有主动意愿去学习和提升，只有 24.2% 的学生表示愿意参加相关课程和活动，这与其他多姿多彩、形形色色的课程和活动形成了极其鲜明的对比。近年来，我国高校实验室安全事故频发，这与学校、教师和学生实验室安全意识薄弱、规范学习不够重视、课程体系不够完善有着很大的关系。因此，我们更应该通过本次调查能够引起学生的高度重视，正如黄宇雄助理教授所提议的，可以学习和参照国外一些成体系的实验室安全学习规范，强制性地要求学生必须学习和遵守，对于进入实验室做实验的学生和老师，必须持证上岗，这能在很大程度上减少事故和悲剧的发生。组织学生到国际上先进的实验室进行考察和学习，也是一个提高学生安全意识的不错选择。

三、TBSI 学生全球胜任力测评

根据清华大学设计的十二个场景测试，对 TBSI 近 40% 的在校生进行抽

样调查，通过问卷调查的形式，对现有学生的全球胜任力进行了初步的测评。本书根据场景内容，进一步将十二个场景测试分为了三大类型：生活篇、学习篇和工作篇，综合考虑学生的整体水平和待提升的空间。

1. 生活篇

在国际化和多元化的生活场景中，学生需要懂得理解和尊重不同的文化和习俗，同时也有一定的民族自信心，乐于分享自己国家和地区的新鲜事物给其他同学和朋友。如下的场景测试中，旨在了解学生的全球胜任"生活力"。

场景一：你在美国求学的过程中参加了一个兼职实习工作，组内是来自不同国家和地区的同事，但主要是美国人，平时你们私下接触并不多。有一次，一位来自加拿大的女生热情地邀请大家去她家里参加 potluck 聚会（每人自带一个菜的家庭聚会），此前你并没有参加过这类活动，不知道该怎么做。你最可能的做法是：

表 6-2　场景一选项

选项	小计	百分比（%）
A. 不知道该带什么，于是干脆找个理由委婉地推辞不去	4	3.2
B. 迎合西方人口味，带 Pizza 或者 Pasta 一类的菜	8	6.5
C. 为了保险一点，去中餐厅点一些更合适美国人口味的菜，比如左宗棠鸡	19	15.3
D. 热情地向大家推荐正宗中餐，但同时也带了大家都喜欢的 pie	93	75.0
有效填写量	124	100.0

根据问卷显示，75.0% 的 TBSI 学生选择了"热情地向大家推荐正宗中餐，但同时也带了大家都喜欢的 pie"，这一做法是最值得推荐的，测评结果对这一选项的评价是："不仅考虑到了可以借此机会向外国朋友推荐和介绍中华美食，宣传美食背后的中国文化，还想到了要顾及不同口味与喜好的人，因而带去了大众都可以接受的食物，这种贴心的举动会获得大家的赞许，帮助你融入新环境。"问卷结果显示，有 3/4 的 TBSI 学生能够正确地做出这一决策，而其他做法，除了回避，也能融入新环境，但是没有表现出文化自信，或者效果可能不会太理想。

场景二：你在美国参加海外交流项目期间，学校组织了感恩节晚宴的招待活动。感恩节当晚你被带入一家热情好客的美国当地家庭里，与他们共进晚餐。在与他们见面的时候，你使用你的中文名进行自我介绍，由于你的中文拼音在英文中十分拗口，他们每次称呼你的时候发音都特别别扭，你最后可能的做法是：

表6-3　场景二选项

选项	小计	百分比（%）
A. 不去纠正，反正名字只是一个代号，可以随他们怎么叫	11	8.9
B. 为了方便大家称呼，让他们改用你的英文名字称呼你	38	30.6
C. 每次他们发音不准时都去纠正	0	0
D. 热情地教他们你名字的中文发音，并告诉他们你名字的含义	75	60.5
有效填写量	124	100.0

在这个场景中，有60.5%的学生选择了"热情地教他们你名字的中文发音，并告诉他们你名字的含义"表现出了较强的文化自信，向外国友人展现了中国文化的博大精深，从而对中国文化更感兴趣，是最推荐的做法。然而30.6%的学生选择了"为了方便大家称呼，让他们改用你的英文名字称呼你"，虽然便于外国朋友称呼和记忆，但是丧失了中文名字的文化标签和文化寓意，以及选择"不去纠正，反正名字只是一个代号，可以随他们怎么叫"的学生都还需进一步加强文化自信，乐于传播中国文化。在抽样调查的学生中，没有人选择"每次他们发音不准时都去纠正"选项，从某种程度上显示了TBSI的学生整体上懂得对别人的基本尊重和包容，在沟通协作方面有着比较好的基础。

场景三：通过学校组织的交换项目你来到瑞典，下飞机后为了赶到学校，你选择了公共交通方式。当到达公交车站后，你发现已经有两个人站成了一列，但是他们之间隔了很远，中间完全可以再站1~2个人。你应该：

表6-4　场景三选项

选项	小计	百分比（%）
A. 站到第一个人之后	1	0.8
B. 询问第二个人是否也在排队，然后再决定自己的站位	92	74.2

选项	小计	百分比（%）
C. 站到第二个人身后不远处排队	6	4.8
D. 站到第二个人身后并保持一定的排队距离	25	20.2
有效填写量	124	100.0

　　这个场景测试是比较不好把握的，熟知瑞典文化的人才比较容易选对。问卷显示，74.2%的学生选择"询问第二个人是否也在排队，然后再决定自己的站位"，这符合中国文化中礼貌礼仪的基本要求，能够解决问题，但是也有可能会打扰到对方，如果之前接触过瑞典相关的文化就会知道，瑞典人喜欢保持一定的距离，为了尊重当地人的文化，应该选择"站到第二个人身后并保持一定的排队距离"。选择这个选项的学生只有 20.2%。这个问题的不同解决方法不会造成太大的后果差异，只要有一些相应的文化接触，入乡随俗即可更妥善地处理。

　　2. 学习篇

　　在场景测试中，有几个场景是测试学生在特定的学习和科研环境中，面对遇到的问题，有没有基本的处理能力，从某种意义上，也是对学生"国际化专业能力和国际学术规范"基本常识的测试。

　　场景四：你在大学负责一项新的校园交通技术的研发，你发现了一种低成本的方式能够替代原有的公交系统。然而，这个技术存在一些安全问题。通过调查你发现有一些大学已经采用了这项新技术。于是你向每一所大学索要了关于这项新技术的安全性数据。经过分析，你发现新技术的安全性是更低的，但如果其中一所大学的数据被剔除，那么新技术和旧技术的安全性就没有差别了，而此时你的预算已经快要超标，如果实施了新技术，你的预算就能得到平衡。你应该怎么做：

表 6-5　场景四选项

选项	小计	百分比（%）
A. 剔除掉这所学校的数据并推行这项新技术	0	0
B. 保留数据，先进行小范围的测试推广以平衡预算	33	26.6

选项	小计	百分比（%）
C. 暂时搁置这项新技术的实施，找出不安全因素，并克服之后再进行测试	26	21.0
D. 想办法申请更多经费，改进这项技术，提高新技术的各项性能，即使要花费更多时间和精力	65	52.4
有效填写量	124	100.0

在这个场景中，测试的是学生在实验过程中，遇到问题是否有妥当的处理方法。52.4%的学生选择了"想办法申请更多经费，改进这项技术，提高新技术的各项性能，即使要花费更多时间和精力"，测评结果显示，这是比较稳妥和推荐的解决方法，既能保证安全，也能继续深化手头上的研发工作，遵守了基本的学术规范和底线。需要引起注意的是26.6%的学生选择了"保留数据，先进行小范围的测试推广以平衡预算"，这种做法并不是最优的，因为即使是小范围的测试，还是存在安全的隐患，这种侥幸心理比较危险，但是近1/4的学生并不清楚，还需要进一步的引导。21.0%的学生选择了"暂时搁置这项新技术的实施，找出不安全因素，并克服之后再进行测试"，虽然避免了安全问题，但是预算不足会影响整体的研发进度。所幸的是，没有学生选择 A 选项，这是最不推荐的做法，违背了基本的学术道德，不利于学生的长期发展。

场景五：你与一个美国同学一起上了一门研究方法的课程。期间她邀请你帮忙做一个案例的分析。她向你展示了她在处理案例时遵循的方法论并要求你用同样的方式进行分析。但你认为你的方法更有效率，你会怎么做？

表 6-6　场景五选项

选项	小计	百分比（%）
A. 既然是对方的项目，你会相信她的经验，依照对方的需求根据她的方法	5	4.0
B. 你决定用你自己的方法更有效地处理这个案例，你会在分析完成之后告诉她	9	7.3

选项	小计	百分比（%）
C. 你会根据她的要求按照她的方法完成分析，但告诉她以后可以用更有效的方法完成分析	17	13.7
D. 在开始做之前，你要和她讨论一下，问问她是否可以使用你的方法	93	75.0
有效填写量	124	100.0

这项测试中，75%的学生选择了"在开始做之前，你要和她讨论一下，问问她是否可以使用你的方法"，这个做法是非常值得推荐的，既尊重了对方，也提高了效率，大部分学生有正确处理此类问题的正确判断能力。对于 C 选项，是最为中规中矩的处理方法，虽然没有什么错，也能完成本次任务，但是在工作开展之前，就询问对方的做法能提高效率，避免浪费时间。

场景六：你在系里的实验室做兼职研究员，有一次教授让你同另外一个实验室的同学合作完成一项跨领域的研究。研究任务很重，你需要一周的时间去完成文献的收集和整理。三天之后，这位同学开始不耐烦并表示你工作效率太低，进度太慢了。此时，你会：

表 6-7　场景六选项

选项	小计	百分比（%）
A. 向同学表达道歉并尽快完成文献整理	20	16.1
B. 请同学避免对你说这么无礼的话	3	2.4
C. 告知同学如果对进度安排有异议，请他/她与教授协商	11	8.9
D. 告诉同学你正在遵循工作程序做事情，这是处理文献工作所需要的标准时间	90	72.6
有效填写量	124	100.0

72.6%的学生选择了"告诉同学你正在遵循工作程序做事情，这是处理文献工作所需要的标准时间"是对自己科研工作比较负责任的态度，坚定地按照标准程序做事，这种不以牺牲质量而追求速度的做法是很值得推荐的。

然而16.1%的学生选择了"向同学表达道歉并尽快完成文献整理",这个选择暗示了有相当一部分的学生在面对较为强硬的态度和批评时,较为消极地处理。为了息事宁人,没有考虑到快速完成工作可能会由于粗心带来不良的后果,而且在约定的进度内开展工作,是不需要道歉的,要有更加充分的自信去坚守做事的底线,遇事不怕事,就事论事。

场景七:你参加了学校组织的为期一年的柏林某大学交换项目。虽然你在出国前参加了语言培训班,通过了德福考试,但这是你第一次进入纯粹的德语环境中,你的口语表达能力还很薄弱。在你参加的一门研讨课上,同学积极踊跃地发言,这时你最可能的做法是:

表6-8　场景七选项

选项	小计	百分比（%）
A. 埋头做笔记,完全不参与讨论	3	2.4
B. 选择用英语参与讨论	11	8.9
C. 课后单独和老师讨论	5	4.0
D. 充分预习,提前准备,争取积极参与课堂讨论	105	84.7
有效填写量	124	100.0

在课堂上遇到了困难,84.7%的同学选择了"充分预习,提前准备,争取积极参与课堂讨论"是很值得推荐的做法,虽然付出的时间和精力是最多的,但是整个预习的过程就是对知识的高效吸收过程,有了一定的知识储备,在课堂上积极参与讨论,能够充分利用好难得的语言环境,在语境中锻炼自己的语言能力;而8.9%的学生所选择的用英语参与讨论的方法,是取巧的做法,也是万不得已才推荐的做法,虽然能顺利地完成讨论,但是自己最薄弱的口语表达能力还是没有得到锻炼和改善,问题没有得到有效解决。至于课后单独讨论或者做笔记不参与讨论的做法是很保守和相对消极的做法,自身的口语表达能力没有得到相应的锻炼,在往后遇到类似的情况,还是面临一样的问题,也没有和老师学生积极互动,浪费了珍贵的学习机会。

3. 工作篇

工作的场景主要是模拟真实的实习和工作环境,考查学生是否能够处理在工作中遇到的考验，包括与他人的沟通协作、对不同文化背景同事的开放与尊重，还有基本的处事方式等。

场景八：你在某大型跨国企业中国区下商业智能业务的一个部门实习，目前由你和其他部门一位资历较老的同事合作完成一个报告。在这个项目中，你负责报告撰写，他负责提供数据。在写报告的过程中，你发现他提供的部分数据存在错误，而且在你指出他的错误后，他还极力掩盖不承认。你从其他同事那里了解到他在处理这方面数据上其实经验并没有你多，而且他最近正在接受公司的业务能力考核。但是提交报告的期限就要到了，你最可能做的是：

表 6-9　场景八选项

选项	小计	百分比（%）
A. 与他私下交流，并限期要求他修改错误	35	28.2
B. 寻求他的上级主管的帮助，请他出面解决这个问题	10	8.1
C. 和他私下交流，并表示你愿意完成他负责的数据工作	37	29.8
D. 寻求你的上级主管的帮助，请他出面来解决这个问题	42	33.9
有效填写量	124	100.0

对于模拟的工作环境，我们看到了学生做出的不同决策结果相对分散，33.9%的学生选择了"寻求你的上级主管的帮助，请他出面来解决这个问题"，这种做法被视为最明智的做法，因为自己的上级对整件事情的判断会更加准确，会有相对合适的解决办法。但是也有 29.8%的学生选择"和他私下交流，并表示你愿意完成他负责的数据工作"，28.2%的学生选择"与他私下交流，并限期要求他修改错误"，作为一名实习生，直接采取私底下解决的方法，虽然是为团队利益考虑，也是站在对方的角度考虑问题，但很难真正地解决问题，将自己放在额外的风险中，从长远来说，不利于团队的发展，因此不值得推荐。但从十分接近的比例中可以看出，学生并不太确定要如何处理这样的棘手问题，或者并没有意识到自己的决策可能带来的风险。

场景九：你申请去一个 NGO（非营利组织）机构实习。在那里你加入了一个有着不同文化背景的新团队。工作了一个月以后，你发现团队目前的工作流程十分烦琐而且并不是最优的。此前你有过在国内实习的经历，根据你的经验，你认为工作流程在优化之后，团队能够同时处理更多项目以提高效率，你会怎么做：

表 6-10　场景九选项

选项	小计	百分比（%）
A. 找到有意愿学习和处理更多项目的同事，通过展示如何优化工作流程来说服他们接受你的建议	23	18.5
B. 在你的项目试行你的工作流程，在几周之后向你的负责人展示新流程带来的效应	24	19.4
C. 等团队开会的时候讨论一下工作流程问题并分享你的观点和反馈	38	30.6
D. 和团队负责人讨论并告知对方你对于提高内部流程的反馈和观点	39	31.5
有效填写量	124	100.0

　　在这个模拟工作场景中，31.5%的学生选择了"和团队负责人讨论并告知对方你对于提高内部流程的反馈和观点"，30.6%的学生选择了"等团队开会的时候讨论一下工作流程问题并分享你的观点和反馈"。前者是比较推荐的做法，因为能从团队负责人那里得到一些建议和支持，是有助于新方法推广的做法，而后者虽然也能在一定程度上去推广和优化工作流程，但是会让团队负责人措手不及，没有心理准备，不知道是否要采纳相关建议；而选择排在第三位的 B 选项，其实是大忌，在没有经过协商和批准的情况下，自行决定使用新方法可能会造成失误从而带来损失，同时也让负责人感受到不被尊重的感觉。至于 A 选项的比例，和 B 选项也比较接近，团结同事是好意，但是依然没有尊重负责人的意思，还有可能会打乱正常的工作计划，导致团队内部的不团结。这个小小的测试从一定程度上暴露了很多大学生由于社会和工作阅历有限，并不懂得如何更好地在团队负责人的带领下去完成工作任务，有时急于表现而顾此失彼，忽略了负责人的感受或同事之间的关系处理，更多的实习和工作机会，也许能够有效地从实践中提升学生这方面的能力。

场景十：你已经在德国的工厂实习工作了一段时间，马上就要回国了。在实习期结束之前工厂结算工资的时候你发现给你的工资算错了。当你跟你直属领导反映的时候，却被对方否认了。你会：

表 6-11　场景十选项

选项	小计	百分比（%）
A. 当场跟领导争论，要求对方重新结算	7	5.7
B. 不想继续争吵下去，将此事放下	3	2.4
C. 告诉同事，希望他们能帮自己说服领导	3	2.4
D. 不直接制造冲突，之后向总公司联系，说明事情原委，请求重新结算	111	89.5
有效填写量	124	100.0

89.5%的学生在遇到场景十中的情况时，会选择"不直接制造冲突，之后向总公司联系，说明事情原委，请求重新结算"，这是一种比较理智的做法，没有造成直接冲突，借助公司的力量理性解决，既不过于强势和情绪化，也不唯唯诺诺。在国外学习和工作中，难免会遇到这样的类似情况，在合理合法维护自身权益时，大多数学生能够正确处理。然后，也有 5.7%的学生选择了当场跟领导争论，逞一时之快，其实这样做不仅有可能惹怒对方，使得自己的合理报酬难以得到保障，也有可能造成冲突，给双方带来不必要的伤害，情况可能会更糟糕。放弃自己的利益或者请同事出面帮忙也很难有效地解决此类问题，但仍有学生会选择这样做，因此如何让学生学会有效处理好与上级、同事的关系有助于其在国际环境中，也包括未来在国内的就业环境中，更合理地解决问题，从而获得长远的更好发展。

综上所述，TBSI 抽样调查的在校研究生普遍拥有较高的全球胜任力综合素养，尤其是在模拟的学习和生活场景中。在学习篇的四个场景中，学生在课堂学习和与其他同学共同完成任务的协作中表现良好，但在独立完成实验、碰到问题时，还是有部分同学不知道如何有效解决问题，或者不太清楚学术的底线和规范，怀有侥幸心理。因此，在"国际专业能力和国际学术规范"方面，很有必要对学生加强引导和提升。在生活的场景中，学生有比较好的开放意识去尊重和接受不同国家的文化和习俗，避免与人发生冲突。但在中文名一栏的测试中，1/3 左右的学生选择了为了方便称呼，改用英文名，在文化自信方面显得弱了一些，应该加强学生更加认同自己国家和地区的文化并乐于去向别人分享。在模拟的工作篇中，学生出现了较为分散的选择，尤其是在寻求上级主管批准和帮助的问题中，很多学生倾向于依靠自己的力量，或者在同事的帮助下处理问题，而不是先和上级主管商量，这从某种程度上显示了学生还需更多机会接触真实的工作环境，学校也应在职场礼仪、职场生存规则上给予学生更多的指导和建议，引导学生更合理地处理好上级和同事的关系，不仅要提高智商，还要提高情商。这种软实力是不分国家和地区的，只有具备了综合的素养，才能在多元的国内和国际环境下，更从容地走向职场。

第七章 TBSI 历年办学成果总结

第一节 TBSI 产学研实践范例

一、国家科技传播中心成果转化高端人才训练营

为贯彻习近平总书记在党的十九大报告中关于"深化科技体制改革,建立以企业为主体、市场为导向、产学研深度融合的技术创新体系,加强对中小企业创新的支持,促进科技成果转化"要求,会聚培养高端科技成果转化人才,推动科技成果转移转化。2018 年 12 月 20~24 日,国家科技传播中心成果转化高端人才训练营活动在清华—伯克利深圳学院成功举办。本次活动由中国科协科学技术传播中心主办,清华—伯克利深圳学院和力合科创集团有限公司联合支持。

训练营为期 5 天,以立足中国特色、引入国际资源,强化案例讨论、注重理论实践,会聚专业人才、促进行业合作为三大特色,涵盖著名专家演讲、联盟资源对接、特色主题论坛、模拟交易实践和现场参观五大主题板块。自活动宣传以来,收到来自政府、高校、科研院所、科技企业、孵化园区、创投公司等领域共 130 多人的踊跃报名,经过审核,最终有 60 余人入选参加本次活动。

1. 专家演讲

本次训练营邀请到中国高新技术产业开发区协会理事长张景安，中国源头创新百人会秘书长、中国科协（深圳）海外人才离岸创新创业基地 CEO 周路明，深圳清华大学研究院副院长刘仁辰，中关村民营科技企业家协会执行会长、秘书长兼中关村天合科技成果转化促进中心主任朱希铎等，分别就"新时代的创新驱动发展战略""深圳创新的路径模式""国际技术转移案例模式""抓科技成果转化，促企业转型升级""科研院所技术转移工作的难点与应对措施思考""国际技术转移存在的问题和发展趋势""共生的设计—中国深圳的全产业链设计创新"以及"技术转移的周期与资本作用"等主题进行演讲，热情地回答了营员们的提问，并与营员们深入探讨交流。

2. 联盟平台搭建

技术转移创新联盟，由中国科协科学技术传播中心、清华—伯克利深圳学院等单位联合倡议发起，是汇聚技术转移孵化过程中核心参与者的平等联合促进组织，共同探索新兴技术与技术转移的深度融合，建立国际技术转移新范式，在全球范围内形成支撑创新与技术成果转化创新发展的重要力量。联盟筹委会在国家科技传播中心成果转化高端人才训练营期间成立，通过论坛、研讨等形式，充分增进行业间交流、交往、交融，促进资源对接和经验分享，使各方共同参与国家技术转移体系建设事业，为国际技术转移创新发展代言。

3. 模拟交易实践

训练营期间，营员们就各自在技术转移过程中遇到的实际问题展开充分讨论，积极分享实践经验，为技术转移事业建言献策。营员们各抒己见，通过思想的碰撞共同总结出成果转化的好思路、好模式，收获颇丰。在实践专家的引领下，营员们分组进行技术转移案例分析和实操演练，营造真实的谈判环境，现场模拟交易，营员们充分专注在技术转移过程中的实际困难，将理论知识应用于实践。

4. 现场实地参观

训练营期间，营员参观了清华—伯克利深圳学院物联网与社会物理信息实验室、智能成像实验室和影像展示厅，并深入与教授和研究生们探讨最新科技成果及其转化情况，充分交流了经验。训练营还来到深圳清华大学研究院和全球著名硬件创业加速器 HAX，营员们深入了解其在科技成果转化方面取得的优异成绩，并通过座谈的形式增进了解、促进合作。

营员代表大河资本合伙人李荣阁表示：三天的学习，收获很大也思考很多。科技成果转化路阻且长，感觉国内还处于从 0 到 1 的阶段，这种状态也许意味着更多的创新机会。现阶段，创新链、产业链、资本链对于科技成果转化的认知和标准还存在较大偏差，落地工作开展难度很大，相信通过政府的引导宣传、内外部环境变化的激励、相关参与方的开放合作，未来将逐步形成多方共识的合作模板和利益分配机制，科技成果转化也会带来很多的发展机会。

2015 年 8 月，全国人大常委会修订了《中华人民共和国促进科技成果转化法》，明确指出建设和完善国家技术转移体系，对于促进科技成果资本化产业化、提升国家创新体系整体效能、激发全社会创新创业活力、促进科技与经济紧密结合具有重要意义。

2017 年 9 月，国务院印发《国家技术转移体系建设方案》，计划到 2020 年适应新形势的国家技术转移体系基本建成，互联互通的技术市场初步形成，市场化的技术转移机构、专业化的技术转移人才队伍发展壮大，技术、资本、人才等创新要素有机融合，技术转移渠道更加畅通，面向"一带一路"沿线国家等的国际技术转移广泛开展，有利于科技成果资本化、产业化的体制机制基本建立。

2018 年 12 月 5 日，李克强总理主持召开的国务院常务会议上，决定再推广一批促进创新的改革举措，更大地激发创新创造活力。李克强总理指出，要强化科技成果转化激励，允许转制院所和事业单位管理人员、科研人员以"技术股+现金股"形式持有股权。引入技术经理人全程参与成果转化。鼓励高校、科研院所以订单等方式参与企业技术攻关。

改革开放以来，我国科技成果持续产出，技术市场有序发展，技术交易日趋活跃，但科技成果转化总体状况并不理想，据调查统计，我国科技成果转化率仅约为 15%，最终转化为工业产品的成果不足 5%，而欧美发达国家的转化率则高达 45%、主要原因包括缺乏技术转移人才和权威高效的管理机构等。中国科协科技传播中心正在建设国家科技传播中心，致力于打造科技成果发布交易中心，为响应国家政策要求，破解技术转移难题，特举办此次

"国家科技传播中心成果转化高端人才训练营"活动。

二、技术转移创新联盟筹备委员会

2018 年 12 月 23 日，技术转移创新联盟（ATTI）筹备委员会成立仪式暨主题论坛在"国家科技传播中心成果转化高端人才训练营"期间顺利召开，中国科协科技传播中心成果转化服务处处长杜新峰、TBSI 时任院长张林为技术转移创新联盟筹备委员会揭牌，国内外近百名技术转移领域专家、学者及企业代表出席，共同见证筹委会成立。来自政府主管部门、学术界、产业界和金融界的 20 余家联盟筹委会首批成员：中国科协科学技术传播中心、清华—伯克利深圳学院、力合科创集团、交科院科技集团、百度风投、OP-PO、美团点评、阿里云智能创业孵化事业部、青松基金、松禾天使基金、清控天诚、清科材智、上海炫豆信息科技、盈嘉互联（北京）、武岳峰资本、中南荷多、IPRdaily、天亿集团健康智谷、河南重点产业知识产权运营基金、北京中发智造等出席成立仪式，成员分布基本实现了技术转移生态资源全覆盖。

论坛上，中关村民营科技企业家协会执行会长、秘书长兼中关村天合科技成果转化促进中心主任朱希铎、牛津大学技术转移中心前驻深首席代表、派富知识产权投资运营公司总经理胡晓伟等分别进行主题演讲和圆桌讨论，深入剖析国内外技术转移领域存在的问题，探讨发展趋势，就如何构造可有机生长的资源整合模式、建立国际技术转移新范式全面交换意见，充分肯定了在大众创业万众创新的背景下技术转移创新联盟成立的必要性及其积极的社会价值，对联盟的未来充满希望。

技术转移创新联盟筹备委员会，由中国科协科学技术传播中心、清华—伯克利深圳学院等单位联合组建，将共同发起筹建中国的技术转移创新联盟，将其建成汇聚技术转移孵化过程中核心参与者的平等联合促进组织，共同探索新兴技术与技术转移的深度融合，建立国际技术转移新范式，在全球范围内形成支撑创新与技术成果转化创新发展的重要力量。联盟包含如下使命：

1. 会聚行业资源，共参技转事业

联盟聚集政府主管部门、学术界、产业界及金融界，同时吸引大量国际技术转移尖端人才，通过研讨会、沙龙等形式，加强行业间交流、交往、交融，促进资源对接和经验分享，共同参与国家技术转移体系建设事业，为国际技术转移创新发展代言。

2. 探讨新兴技术，共建创新体系

目前，新兴技术正在加速与实体经济融合，对探索共享经济新模式、建设可真正有机增长的线上技术成果孵化器具有重要意义。联盟将不断挖掘新兴技术潜力与价值，探索实践国际技术转移新范式，在拓宽技术转移通道、提升技术转移转化率、成功率和效率等方面持续助力国家技术转移体系建设。

3. 服务万众创新，共赢产业变革

联盟将探索、实践技术转移行业继"拜杜改革"后的又一突破性变革——全民参与的技术转移事业，共赢"新兴技术+技术转移"时代的产业变革。技术转移发展趋势如图7-1所示。

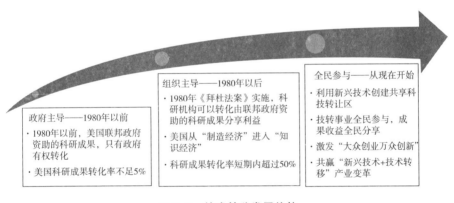

图 7-1 技术转移发展趋势

三、社区、高校、企业融合发展战略高峰论坛——助力青年创新创业

2018年11月17日下午，TBSI教职工党支部联合长源社区党委组织青年创新创业论坛，共同搭建平台，以期助力青年创新创业。活动邀请了TBSI时任院长张林教授，深圳市深港科技合作促进会会长、深圳市决策咨询委员

会委员、深圳产学研合作促进会常务副会长张克科，深圳市政协常委房涛，深圳市律师协会副会长、广东省十三届人大代表韩俊律师，从技术转移、产业转化的专业技术层面，从解读国家、地方政府扶持政策层面，从技术转移涉及的知识产权、国家法规层面，为青年科学家、有志于创业的人员排忧解惑。吸引了 TBSI 教师、博士后、在读博士生、社区工作人员等参加活动。

对高校师生而言，如何为"靠谱"的项目找到"靠谱"的资金支持，如何解决目前国内科技成果转化率不足 30%，比例仅为发达国家一半的困局，是他们关注的重点。TBSI 在成立之初就将技术转化作为学院的特色之一，通过建立企业导师制度参与学生培养；成立产业顾问委员会，密切产业合作。2017 年，TBSI 技术转移办公室成立，打造国际技术转移新方式，建立共享经济、资源整合、多方参与的技术孵化产业化平台，为青年创新创业提供资源与机遇，促进高校技术成果转化及创新发展。

在提问环节，TBSI 学生提出了青年人创业需要注意哪些法律风险，该如何防范。韩俊律师依据个人从业经验，从知识产权保护角度对青年人创业提供了指导，分享实用经验，现场讨论氛围热烈。

四、润通—TBSI 联合实验室

重庆润通控股（集团）有限公司成立于 2007 年，是一家集汽油动力及终端、摩托车/ATV 成车及发动机、柴油动力、汽车零部件、空调零部件、智能装备、金融服务等产业的多元化集团公司。现拥有员工近万人，业务遍布全球 80 多个国家及地区。作为重庆优秀企业代表，润通连续多年荣登中国制造业企业 500 强榜单，连续七年成为重庆企业 100 强、重庆市企业效益 50 佳、重庆制造业 100 强，2012~2014 年重庆市优秀工业企业。

2018 年 12 月 2 日上午，在南山智园，重庆润通控股（集团）有限公司与清华—伯克利深圳学院（以下简称 TBSI）签署联合实验室商务条款，创办具有国内领先、国际一流的"润通—清华—伯克利联合实验室"，以清华伯克利人工智能实验室的科研力量来推动润通的创新产业发展。清华—伯克利深圳学院时任共同院长张林、清华—伯克利深圳学院共同副院长陈伟坚教授、重庆润通集团董事长朱列东先生、润通先进技术研究院院长牛哲等出席了签约仪式。

　　重庆润通控股（集团）有限公司与 TBSI 的校企联合，具有非常强的优势互补关系，共建联合实验室，将充分发挥双方各自特长、实现产学研无缝对接，同时满足核心技术研究和产业化的需要。联合实验室首届管理委员会由六名成员组成，分别由 TBSI 时任共同院长张林，麻省理工学院教授、TBSI 杰出访问教授郑立中，TBSI 技术创新与转化办公室主任樊华，润通集团董事长朱列东，润通先进技术研究院院长牛哲及润通先进技术研究院副院长牛树松出任。

图 7-2　联合实验室签约仪式

图片来源：TBSI 官网。

　　润通—清华—伯克利联合实验室旨在打造全球领先的高科技产品，推动人工智能产品的落地。联合实验室不仅将成为润通集团先进技术研究院的产业化基地、研究人员的研究访问基地、学生的实习基地，也将成为润通的人才培养中心和培训中心。TBSI 将对目前合作的项目相关技术资源及成果进行梳理，通过联合实验室与润通探讨产业化的机会和可能性，通过技术转移的形式由润通进行产业化。双方将发挥各自的优势资源和特长，可以通过联合实验室共同开展国际级和国家级重大专项、产业化补贴等项目的立项、申报和项目的执行工作，实现产学研的优势结合。

五、美国旧金山湾区委员会与 TBSI 签署合作备忘录

旧金山湾区，简称湾区，位于美国加州北部，包括旧金山市及其周围九个郡，是世界级技术创新之都，硅谷亦在其辖区内。美国旧金山湾区委员会于 1945 年建立，目前拥有超过 275 家大型企业的 CEO 成员，并与全球 20 多个国家有合作关系。湾区委员会是一个非政府组织，但湾区委员会在旧金山湾区的商界、政界和学界具有较大的影响力和号召力，代表当地 300 多家大企业的利益，其中包括谷歌、脸书、甲骨文、苹果、爱彼迎、基因泰克等。

2018 年 11 月 9 日，美国旧金山湾区委员会（Bay Area Council，简称 BAC 或湾区委员会）与 TBSI 合作备忘录签署仪式在南山智园举行。时任 TBSI 共同院长张林教授、常瑞华教授，共同副院长陈伟坚教授等与加州阿拉米达郡执行长 Keith Carson、湾区委员会首席全球业务拓展官 Del Christensen、美华友好协会主席兼皇家商业银行联合创始人 Simon Chin Fatt Pang 等出席仪式。湾区委员会和 TBSI 已就科研项目合作、学术交流活动、校企合作、双边商业交流、活动组织与支持五大核心事宜达成共识。湾区委员会将在深圳南山智园设立办事处，引导资本、技术、人才、产业汇聚，致力于两湾经济发展和科技交流。

随后，张林院长（时任）、常瑞华院长邀请 BAC 一行参观学院三大研究中心的实验室，重点关注了人工智能、大数据、智能制造等领域。通过实验室参观和交流，双方加深了在关键技术以及产业领域的了解，为双方在基础创新、人才培养、产业孵化等方面发挥积极作用。参观结束后，张林院长（时任）、常瑞华院长邀请 BAC 一行共进晚餐，继续畅谈"两湾"之间的人才、科技、资本等资源的交流、共享与合作，实现互惠共赢。

六、未来通信高端器件制造业创新中心

未来通信高端器件制造业创新中心（简称创新中心）是由清华大学、南

方科技大学牵头，结合多家知名企业，前期依托清华—伯克利深圳学院开展各项工作。项目预期选址在深圳市福田区落马洲河套片区，主要研究开发 5G 及未来通信与网络的核心中高频器件技术，形成独立的知识产权，并以此为推手拉动我国 5G 及未来通信与网络产业的发展。5G 对于迎接物联网（IoT）、无人驾驶汽车、智能城市、虚拟现实甚至远程手术，都是必不可少的关键要素，并将对经济和社会产生深远影响。5G 系统是我国实施"网络强国""制造强国"战略的重要信息基础设施，更是发展新一代信息通信技术的高地。5G 中高频器件频率范围涉及 3~5GHz 以及 24~28GHz，该频率范围所有的器件制造是实现 5G 通信与网络的根本，但此类器件技术目前都被国外封锁。

创新中心将紧扣当前 5G 及未来通信领域技术需求，搭建低成本、高质量的核心器件产业化技术攻关平台、微纳加工平台、中高频器件产业化开发创新平台和检验检测认证标准平台，面向应用于 5G 及未来通信领域的高端器件电路设计及封装测试、射频集成电路 EDA 工具开发、宽禁带半导体材料、通信系统技术等设计、制造及规模化生产技术的创新，紧扣通信领域高端频器件设计、制造、应用等各环节的关键技术研究。主要研究方向包括：适用于 5G 及未来通信与网络的核心中高频器件、先进半导体材料与器件、终端收发机及模组、基站收发机及模组、光电器件、智能处理器件、通信系统、前瞻性器件及应用。

通信是深圳的传统优势行业，其产业规模和研发水平在全国具有举足轻重的地位。2017 年中国电信业务总量达到 27557 亿元，移动终端产品（手机）出货量 18.9 亿台；程控交换机 1240.8 万线。深圳 2017 年基础电信业务收入为 374.7 亿元，同比增长 9.4%，居广东省首位。近年来，随着云计算、大数据与移动互联网等应用的兴起，通信系统设备作为信息产业重要基础设施进入了高速发展期。深圳市通信系统设备领域龙头企业众多，围绕整机硬件集成和多元化发展策略形成了较强的竞争力，能够提供完整的、"端到端"产品线和融合性解决方案。其主要优势体现在以硬件为载体，借助硬件集成创新、软件模仿创新，并配以快速响应的服务，提供高性价比的产品。云计算、大数据、SDN/NFV 等技术浪潮的到来，推动着通信产业朝着信息、通信和技术相融合的方向（ICT）转型发展。面对这一趋势，华为同时兼顾运营商、企业级、消费市场三个领域，对于5G、软件服务、视频多媒体等领域也有覆盖。2017年华为电信设备的市占率从25%增加至28%，超过爱立信（Ericsson）成为全球最大电信设备供应商。

目前，全球移动终端设备已进入微创新发展阶段，为我国本土品牌从"跟跑"向"并跑"甚至"领跑"提供了前所未有的发展机遇。深圳是全国移动终端产业链配套最完善的地区之一，产业链完整覆盖了晶圆制造，包括基带芯片、指纹识别芯片等在内的芯片设计；包括摄像头模组、触摸屏模组、液晶模组等在内的模组设计，包括玻璃盖板、电池、印制电路板（PCB）等在内的配件制造及移动终端设备方案设计商、ODM/OEM加工厂商等领域。2017年全球手机市场规模紧缩，竞争激烈。根据旭日大数据公布的资料，2017年全球的手机销量约20亿部，中国品牌约占45%，出货量超过9亿部，同比增长7.8%，深圳企业大幅领先全球手机市场的增长率。华为凭借高额的研发投入、自主研发的芯片及IP知识产权，在智能手机领域发货量为1.53亿台，全球份额突破10%，稳居全球前三、国产手机第一的位置。其中，智能手机实现收入2830亿元，增幅高达57.04%，相较于2016年的44%增速，增速再次提升（2016年智能手机出货量为1.39亿台，销售收入1798亿元）。深圳传音控股主攻非洲市场，以1.12亿台出货量，居全国第三位。

此外，深圳邻近南中国海，东邻大鹏湾，南接香港，西濒珠江口，北接东莞和惠州，是国内少有的同时具备陆海空运的城市，并已形成了立体化的交通网络。粤港澳大湾区整体规划建设更是给深圳带来了重大机遇。粤港澳大湾区是继东京、纽约、旧金山湾区之后对全球资本投资具有强大吸引力和辐射力的第四大湾区，并将实现先进制造业与现代服务业双轮驱动，围绕建设国际航运中心、物流中心、贸易中心、现代金融服务体系和国家创新中心的目标，大力发展服务于区域经济的机构和业态，促进产业集聚。依附着深圳交通运输物流行业的优势，有利于全国移动终端产业贸易中心集中在深圳，同时也让大部分国内移动终端产品以及相关电子旗舰产品通过深圳进入国际市场。

当前全球各国在数字化战略中均把5G作为优先发展领域，强化产业布局，塑造竞争新优势时期，深圳紧抓这一历史性新机遇，超前部署网络基础设施，积极营造产业生态环境，深化各领域融合应用且成果显著。作为我国通信产业的龙头企业，华为发布了首款 5G 商用芯片"巴龙 5G01"，率先突破了 5G 终端芯片的商用"瓶颈"，中兴则推出了新一代 5G 全系列基站产品。在利好政策扶持和龙头企业引领的双重推动下，深圳通信企业总体实力进一步增强，为 5G 高端核心器件技术的发展提供了良好的产业环境。

坚持贯彻国家战略部署，把 5G 及未来通信高端器件技术创新与制造摆在创新中心发展全局的核心位置。汇聚国内先进通信产业高端核心器件创新资源，建立共享机制，发挥溢出效应。并通过我国强有力的顶层设计、统筹与资源配置优势，改变纯市场逻辑导致的分散竞争和协同不足的问题，以创新中心建设为途径，打通技术、组织、商业、资本之间的分割与壁垒，整合重组各类创新资源和主体，构建能够承担从技术开发、转移、扩散到首次商业化的新型制造业创新平台。创新中心将充分整合高校资源，由清华大学与南方科技大学共同牵头，并联合国内外各大知名科研机构与院校形成大的研发平台，使其作为创新技术发源地及支撑平台。

同时，将进一步完善以企业为主体、市场为导向、产学研相结合的制造业创新体系，启动国家创新中心示范工程项目，在国家顶层设计的支持下，加速推进 5G 及未来通信领域高端器件国产化进程，在部分应用领域率先实施 5G 及未来通信高端器件 50%～70% 国产率的试点项目及后续推广工作。政府也将出台相关政策对 5G 及未来通信领域使用国产芯片达到一定比例的企业予以扶持，这将进一步调动我国 5G 及未来通信高端器件相关企业的自主创新积极性，吸引先进企业以股东身份加入创新中心建设，打造我国 5G 及未来通信高端器件的"国家队"。

通过突破 5G 及未来通信领域高端器件共性关键技术，加速通信领域高端器件创新技术成果商业化和产业化，优化通信领域高端器件制造业的创新生态环境，切实提高 5G 及未来通信高端器件制造业创新能力。培养优秀的国产 5G 及未来通信领域高端频器件品牌，协助实现国内通信领域龙头企业核心器件国产化，突破一批未来通信高端器件技术瓶颈，转化推广一批先进适用的相关技术和标准，积累储备核心技术知识产权，建设发展技术研发应用基地，培养造就技术创新型领军人才，孵化并帮助一批通信领域高端器件企业做大做强，对我国通信领域高端器件及核心技术全面国产化提供有力支撑，推动我国 5G 及未来通信领域高端器件制造业持续快速发展。

创新中心将对 5G 及未来通信高端器件从概念、设计、中试、量产、封装、测试、应用全产业链，提供技术分析、设计服务、工艺平台、晶圆测试、产品测试、可靠性测试及选型与认证等全方位的服务。整体规划如图 7-3 所示：

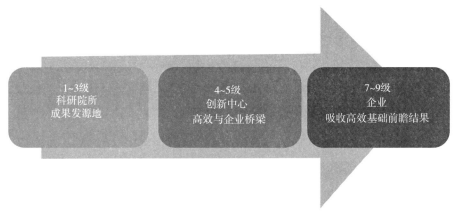

图 7-3　技术成果成熟度

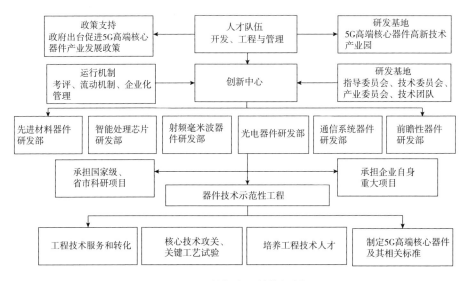

图 7-4　创新中心整体规划

创新中心致力于：第一，发展产业前沿及共性关键技术研发，建成通信领域高端器件前沿技术创新能力平台：建成 5G 及未来通信高端器件前沿技术创新能力平台，开展共性关键技术和跨行业融合性技术研发，突破 5G 及未来通信高端器件产业化应用关键共性技术瓶颈，带动产业转型升级。依托产业龙头企业与高校研究所，完成重大科技项目攻关。开展实验室技术成熟化、产业前沿技术研发和竞争前商品试制，创制产业技术标准，推动产业技术变革。通过创新专项实施，提升通信领域高端器件研发水平，带动产业资本投入，驱动重大科技成果产业化，形成通信领域高端器件产业聚集，反哺创新中心及社会经济发展。基于创新中心协同研发的先进机制，整合国内外优势科研力量，建立包括国家工程实验室、公共服务平台、产业协同发展创新研究院、院士工作站、博士后流动站在内的支撑中心技术创新能力发展的平台。

第二，建立产学研协同创新机制，打造"政产学研用资"紧密合作的创新生态。依托现有或新组建的产业技术创新联盟，发挥行业骨干企业主导作用、中小企业协同配套作用、高校科研院所技术支撑基础作用、行业中介组织的保障服务作用，形成联合开发、优势互补、成果共享、风险共担的产学研协同创新机制。通过政府牵引、企业主导、高校和科研机构支持，以"技术协同创新+商业模式创新"双轮驱动的新模式，吸引、聚集国内外概念创新、技术攻关及金融资本力量，打造聚焦于 5G 及未来通信高端器件研发、应用的企业总部、科研院所集聚园区。深化与国内外创新主体合作，整合联合国家和地方创新平台，构建长期稳定的协同创新网络；发挥深圳市体制优势，对接科技创新、成果转化的配套需求，从体制机制服务、政策法律服务、金融服务等方面，加强顶层设计及软环境布局，实现创新链与产业链融合发展，形成了一个"政产学研用资"合作共赢的创新生态系统。

第三，加强知识产权保护运用，强化标准引领和保障作用，建成通信领域高端器件专利库和标准平台。建立完善的知识产权管理制度，在创新中心成员单位间形成知识产权协同创造、联合运营和收益共享。加强 5G 及未来通信高端器件关键核心技术和基础共性技术知识产权战略储备，开展知识产权集中运营，整合利用高校、科研院所和企业等的专利技术，综合集成为系统解决方案，形成战略前瞻布局，加强知识保护，支撑和保障制造业创新发展。推进 5G 乃至未来通信领域高端器件的标准化建设，开展相关国际标准、国家标准、行业标准的制定，研制具有竞争力的通信领域高端器件关键技术标准。并通过标准固化创新成果、推动创新成果应用、增强市场信心，促进标准与技术和产业发展的紧密结合。积极参加各类国际标准化活动，主导和参与国际标准制定，增加国际标准话语权，提升我国相关产业的国际竞争力。

第四，促进科技成果商业化应用，服务"大众创业　万众创新"，建设通信领域高端器件成果转化服务平台和前沿技术创新集聚区。建立以市场化机制为核心的5G及未来通信高端器件成果转移扩散机制，通过孵化企业、种子项目融资等方式，推动科技成果首次商业化应用和产业化。利用中心完善的仪器设备与强大的工程技术团队，为我国通信高端器件产业提供技术服务和支持。提高我国通信高端器件企业特别是中小企业的技术转化与应用能力，加快科技成果转化，提升区域产业集群的自主创新能力。推动技术创新成果转移转化，扩散新技术、新模式，培育新业态、新产业，促进区域产业集群发展、创新发展。同时，探索采取股权、期权激励和奖励等多种方式，鼓励科技人员积极转化科技成果。

第五，打造多层次人才队伍，加强开展国际合作，建设通信领域产学研育人平台。集聚培养通信高端器件领域高水平领军人才与创新团队，开展人才引进、人才培养、人才培训、人才交流等方式，建立和完善人才培训服务体系，加强专业技术人才和高技能人才队伍建设，把创新精神与企业家精神、工匠精神有机结合起来，为我国通信高端器件制造业发展提供多层次创新人才。同时，加强国际通信高端器件领域科技创新信息的跟踪、收集、分析，通过人才引进、技术引进、参股并购、专利交叉许可等形式，促进通信高端器件共性技术水平提升和产业发展，与全球创新要素深度融合。

2019年4月12日，在第七届中国电子信息博览会召开期间，"广东省5G中高频器件创新中心创建暨5G产业技术联盟发起仪式"在深圳市会展中心成功举行（见图7-5）。广东省工信厅副厅长杨鹏飞，深圳市工信局局长贾兴东、副局长徐志斌，深圳市福田区副区长叶文戈，南方科技大学副校长滕锦光院士，时任清华大学国际研究生院副院长、清华—伯克利学院院长张林教授，行业领军专家郝跃院士的代表李培咸教授以及来自创新中心股东企业和产业链龙头企业、5G产业技术联盟成员的代表等200余人参加了启动仪式，共同见证了 5G 创新中心的创建。

图 7-5 揭牌仪式现场

图片来源：TBSI 官网。

由清华大学作为发起方之一的广东省 5G 中高频器件创新中心，依托实体"深圳市汇芯通信技术有限公司"，由福田投控、南方科技大学、力合科创集团以及 20 多家产业链龙头企业和上市公司共同出资组建，以市场化的机制运营，在全球范围内引入顶尖技术和管理人才，实现创新中心的自主经营、自负盈亏、自我发展。目前正在积极筹备申请升级为国家级制造业创新中心。

作为创新中心依托平台的"5G 产业技术联盟"的筹备工作也已经开始，已有包括国内外 5G 产业链龙头企业和中小企业、各大科研院所和高校、国家级创新平台、产业园区、金融机构等近百家单位踊跃加入。联盟将以推动 5G 产业技术创新和行业应用协同为工作方向，带动我国高端制造与消费电子、汽车电子、生物医疗、智慧城市、智慧农业等产业的转型升级，助力我国智能制造重要战略落地。

深圳市工信局副局长徐志斌在致辞中表示，市政府高度重视制造业创新中心建设，已规划在5G、人工智能等战略性新兴产业和未来产业领域建设若干家创新中心，并制定了配套的财税、科技金融创新、股权激励、创新创业等政策，形成了促进科技创新与产业化的完备政策体系，积极推动制造业创新中心高效快速发展。

广东省工业和信息化厅副厅长杨鹏飞在致辞中表示，深圳市汇芯通信技术有限公司集合了全国5G运营、终端、基站、核心器件、材料等领域的重点企业、高校、市场、金融等各方面创新资源，汇集了5G国内一流的科研开发成果转化平台资源，并利用牵头单位清华大学、南方科技大学丰富的研发资源，打造"产学研用政介金"于一体的制造业创新中心。

南方科技大学副校长滕锦光院士，时任清华国际研究生院副院长、清华—伯克利学院院长张林教授，产业联盟代表等也在会议上致辞。张林教授表示，清华与深圳的合作源远流长，汇芯公司的董事单位力合科创集团就是由深圳市和清华大学在创新创业和成果转化领域紧密合作的成功典范。截至目前，力合已在国内建立了六个创新基地和14个孵化器，在北美、欧洲等地成立了六大海外创新中心，累计孵化服务企业2500多家，培育上市公司21家、新三板挂牌企业50多家以及众多明星科技项目，其中与5G密切相关企业也已近20家。5G创新中心，也是深圳市与清华大学市校合作的新的重要内容之一，随着清华在深圳办学力量的持续加强，清华大学也将围绕5G的技术研发、成果转化、人才培养、公共服务、联盟运营、国际交流等多方面，努力为5G创新中心的发展提供源源不断的智力支持。

国家级创新团队核心成员、西安电子科技大学李培咸教授在会上宣读了我国微电子学家郝跃院士给大会的贺信，郝跃院士表达了对5G创新中心的高度关注，并表示对5G创新中心突破中高频器件共性关键技术，补齐5G芯片、高频器件等产业短板，全面提升我国在5G领域核心竞争力寄予厚望。

按照《制造业创新中心建设工程实施指南（2016-2020）》意见，国家制造业创新中心是以"公司+联盟"的方式建立的新型创新载体，由企业、科研院所、高校自愿自主结合，构建产业技术联盟，整合相关资源，探索机制和模式创新，同时解决核心技术研发和产业协同两大关键问题。这是制造业创新中心在运营机制上有别于高校和科研院所的最重要之处。

第二节　TBSI高端科研平台及实验室建设

一、三个工程实验室

深圳市发改委批准学院建设三个工程实验室，分别为深圳环境与新能源技术工程实验室、深圳数据科学与信息技术工程实验室、深圳精准医疗与公共健康工程实验室。经过为期3年的建设，均已按要求基本全部完成建设内容。

1. 深圳环境与新能源技术工程实验室

项目批复情况：2016年1月，经深圳市发展改革委批复，建设深圳环境与新能源技术工程实验室项目，建设地点位于深圳南山区大学城清华大学校区和大学城智园。

项目主要建设内容：购置道路交通路网全况信息诱导设备、高精度定位参照平台以及多通道功率分析系统等相关软硬件设备，建设纳米能源材料技术研究实验室、智能电网技术实验室和环境科学与技术实验室技术研发平台、检测与评价中心、工程转化与服务中心及专利申报与信息中心。

项目建设目标：开展3项环境与新能源技术相关的产业化工程技术示范；申报国家发改委的环境与新能源技术方向的工程实验室；建设1个微智能电网应用示范，1个围绕珠三角湾区经济建设的节能减排交通与物流的应用示范；完成8~10项可以进行转化的新技术研发，确保其中1~2项成功转化；申请、承担5项以上重要科研项目（包括国家级和省市科技计划、与企业合作的重要项目）；申报专利30项，发表高质量SCI论文70篇，引进和提升5名以上相关领域的教授级专家；培养博士后10名，博士10名，硕士20名。

项目完成情况：目前已全部完成深圳环境与新能源技术工程实验室组建项目的建设工作，共开展3项环境与新能源技术相关的产业化工程技术示范、建设 1 个微智能电网应用示范，1 个围绕珠三角湾区经济建设的节能减排交通与物流的应用示范、完成 8 项可以进行转化的新技术研发并有 1 项成功转化；申请、承担 5 项以上重要科研项目；申报专利 30 项，发表高质量 SCI 论文 186 篇，培养博士后 24 名，博士 65 名，硕士 79 名。全部达到项目建设目标。

2. 深圳数据科学与信息技术工程实验室

项目批复情况：2015 年 12 月，经深圳市发展改革委批复，建设深圳数据科学与信息技术工程实验室项目，建设地点位于深圳南山区大学城清华大学校区和南山智园。

项目主要建设内容：改建场地 2000 平方米，购置可调飞秒激光器、沉浸式人机交互平台、大型矩阵图像显示系统等相关软硬件设备，建设先进媒体内容制作平台、智能城域感知与协同研发平台、微纳加工平台、微机电传感器制备平台、纳米传感器制备平台、智慧数据可视化演示平台。

项目建设目标：在先进媒体内容、智能城域感知、微纳加工、微机电传感、纳米传感及智慧数据可视化等领域开展技术攻关；完成高性能路由器、平板显示器件缺陷高精度检测机器人、可穿戴阵列传感设备、综合城市及室内环境感知器、SPR 超透射生化检测仪等原理样机的开发。申报专利 20 项，发表 SCI/EI 论文 20 篇，独立或参与完成国际或者国内标准 2 项；引进 7 名以上相关领域的教授级专家；培养博士 6 名、硕士 40 名、技术骨干 7 名；实施相关的技术转移和技术合作项目 3 个；孵化创业团队或者项目 3 个；组织学术沙龙创新大赛等活动 2 次。

项目完成情况：目前已基本完成深圳数据科学与信息技术工程实验室组建项目的建设工作。改建能源环境大楼洁净室场地 1000 多平方米，已完成大容量存储系统、物联网应用开发平台、三维立体扫描系统、微纳加工平台及大数据计算机服务器平台的建设，开展先进媒体内容、智能城域感知、微纳加工、微机电传感、纳米传感及智慧数据可视化等领域开展技术攻关；完成高性能路由器、可穿戴阵列传感设备、综合城市及室内环境感知器等原理样机的开发。申报专利 35 项，发表 SCI/EI 论文 60 篇；引进 4 名以上相关领域的教授级专家；培养博士 47 名、硕士 96 名、技术骨干 4 名；实施相关的技术转移和技术合作项目 3 个；孵化创业团队或者项目 4 个；组织学术沙龙创新大赛等活动 5 次。基本达到项目建设目标。

3. 深圳精准医疗与公共健康工程实验室

项目批复情况：2016 年 1 月 5 日，经深圳市发展改革委批复，建设深圳精准医疗与公共健康工程实验室项目，建设地点位于深圳南山区大学城清华校区和大学城智园。

项目主要建设内容：改建面积 3000 平方米，购置多功能组织培养与产品性能评估综合测试系统、流变仪、高级生物 3D 打印设备、单细胞成像示踪系统等相关软硬件设备，建设生物与纳米药物研究开发平台、医学检测与医疗器械研究开发平台、3D 打印和生物制造研究开发平台。

项目建设目标：围绕精准医疗与公共健康领域，突破重组蛋白原核表达技术、超灵敏纳米传感技术与传感器、无损分辨生物成像技术、纳米探针、细胞三维打印、新药检测细胞模型等关键技术，开展生物与纳米药物、医学检测与医疗器械、3D 打印与生物制造等研究。建设期内，筛选新的蛋白质药物靶点 2 个，实现复杂样本高通量检测与筛选技术或新型成像方法技术成果转化 1 项，生物材料及细胞三维打印先进制造装备、组织工程产品、支架、人工血管及先进生物医疗器械或新药检测细胞模型领域技术成果转化 1 项；承担国家、省、市项目 6 项，申报专利 15 项以上，发表 SCI 论文 30 篇以上；引进和培养 5 名教授级人才，招收博士后 10 名，博士和硕士 20 名。

项目完成情况：目前已基本完成深圳精准医疗与公共健康工程实验室组建项目的建设工作。在清华大学深圳研究生院内完成 950 平方米左右实验平台的改建，已完成生物与纳米药物研究开发平台、医学检测与医疗器械研究开发平台、3D 打印和生物制造研究开发平台的建设；已实现复杂样本高通量检测与筛选技术成果转化 1 项，完成第一代液相生物芯片检测系统的开发，目前正在规划第二代产品；申请、承担 8 项国家、市级重要科研项目；申报国家发明专利 6 项，发表 SCI 论文 86 篇，引进外籍院士、国外著名高校毕业青年人才等全职教师 6 名，培养博士后 12 名，博士和硕士 49 名。基本达到项目建设目标。

平台规划情况：在工程实验室基础上，规划材料、能源与环境平台，微纳加工与超净平台，精准医学和公共健康平台三大跨学科科研条件平台，力争打破学科边界、实现资源共享、促进交叉融合。

材料、能源与环境平台：瞄准先进材料发展前沿，在材料设计合成、实验制备、性能评估及新型器件构筑与制备过程中，通过多学科交叉融合，已取得突破性进展。

微纳加工与超净平台：打造面向全球的、国际领先的、开放式、全链条的微纳加工与超净平台，为中国半导体、新材料等产业技术研究及开发提供有力支撑。

精准医学和公共健康平台：面向现代生物产业前沿领域，将生命科学设备平台、动物平台、中试平台、普通实验区及功能实验区融于一体，打造涵盖生物研究多个领域的共享大平台。

平台运行模式：在环境与新能源技术、数据科学与信息技术、精准医疗与公共健康三大工程实验室的建设和运营基础上，建设综合性仪器共享平台，形成学科覆盖全面、技术水平领先的科研公共支撑环境。在服务院内学科建设及基础科研的同时，结合社会经济发展需求，科研条件平台也将面向产业需求，拓展与企业界在联合实验室、技术服务、机构共建等方面的合作。

科研条件平台以科研和产业市场规律为导向，理顺平台管理、运行队伍、科研用户、企业用户等之间的关系，打造良好的平台环境，增强平台的吸引力、凝聚力和黏合力。调动企业主动进入平台进行产业创新的主动性及积极性。

TBSI 后续还将继续探索外部产业机构和研发机构运营机制及合作机制，形成"一体两翼"协同发展的创新模式，探索产业转化研究院、制造业创新中心的运营模式及与鹏城实验室、深圳湾实验室等研究机构的合作共建模式，TBSI 的教师和研究生可以双聘、合作等方式参与外部独立法人研究机构的建设或运营，外部研究机构可为 TBSI 教师和研究生提供产业研究环境、科研设施、研究经费等支持。TBSI 与合作机构建立多种合作及协同发展模式，形成健康且可持续发展的科研生态和创新生态。

二、TBSI诺贝尔奖实验室：深圳盖姆石墨烯中心

"深圳盖姆石墨烯研究中心"由深圳市政府投资建设、深圳市科技创新委员会管理，以TBSI和清华大学深圳研究生院为依托单位。研究中心定位是在2010年诺贝尔物理奖获得者、石墨烯发现人之一安德烈·盖姆（Andre Geim）教授带领下，建成国际顶尖的科研实验平台，重点攻克以石墨烯为代表的二维材料在基础前沿研究和高端产品产业化方面遇到的关键难题，最终成为集研发、标准化制定、产业化检测等多功能服务平台。

2017年12月5日，深圳盖姆石墨烯中心在清华—伯克利深圳学院（简称TBSI）和清华大学深圳研究生院正式揭牌成立，深圳市委副书记、市长陈如桂，诺贝尔奖得主、中国科学院外籍院士安德烈·盖姆，时任市政府秘书长李廷忠，广东省科技厅副巡视员周木堂，市科技创新委员会主任梁永生，市经济贸易和信息化委员会主任刘胜，市外事办公室副主任姚伟志，中科院院士、TBSI低维材料与器件实验室主任成会明，中国工程院院士、清华大学土木学院教授聂建国，时任清华大学深圳研究生院院长康飞宇，时任TBSI院长张林，清华大学深圳研究生院党委书记、副院长武晓峰，清华大学深圳研究生院副院长马岚等领导和嘉宾共同见证研究中心揭牌。

在揭牌仪式上，"深圳盖姆石墨烯研究中心"主任安德烈·盖姆教授致辞表示"人类文明已走过石器时代、铜器时代、铁器时代和硅时代，而现在能代表我们这个时代的材料就是石墨烯等二维材料。在过去5～10年，世界范围内石墨烯领域的基础研究和产业化研究有了巨大的飞跃；我很欣喜地意识到深圳盖姆石墨烯研究中心的成立将极大推动石墨烯及其他二维材料在材料科学和工程领域的发展"。盖姆教授同时表示，在下一个十年，石墨烯的应用将迅速增长，相信在深圳市政府的大力支持下，该中心将会成为世界上最顶尖的石墨烯和二维材料研究机构。同时，希望深圳市政府投入更多的资源专注于石墨烯等二维材料的研究和产业化，这将对深圳的发展、人才培养、产业升级等具有重要意义。

"深圳盖姆石墨烯研究中心"执行主任成会明院士致辞表示"石墨烯等二维材料具有优异的性能和广阔的应用前景，安德烈·盖姆教授不仅因为发

现石墨烯而荣获诺贝尔物理学奖，而且直到今天，他还引领着石墨烯及其他二维材料领域的最新发展。相信研究中心建成后，将在基础研究方面取得突破；在产业化推进方面实现飞跃；引进并培养一批杰出人才"。

深圳市市长陈如桂致辞表示"深圳市政府非常重视科学创新、基础研究及世界前沿领域的研发工作；深圳市对新揭牌的研究中心充满期待，将把石墨烯等重要领域列为市政府未来重点支持的方向。"陈市长强调"深圳的特质是创新，通过政府的组织引导并依靠社会和多方的力量，积极推动新一轮的创新发展，把该研究中心建设成为全球科技产业创新中心"。

2018年9月，经深圳市科技创新委员会正式批复，组织组建"深圳盖姆石墨烯研究中心"（Shenzhen Geim Graphene Research Center，SGC）项目，依托单位为清华—伯克利深圳学院和清华大学深圳研究生院，建设地点位于深圳市南山区大学城清华校区。项目主要建设内容：

（1）石墨烯等二维材料可控制备、科学转移与规模化生产技术；

（2）石墨烯等二维材料在电子与光电子、新能源、可穿戴器件、生物医学等关键领域中的重要应用研发；

（3）探索石墨烯等二维材料的超黑/超吸波、高导热、遂穿效应、磁致变色等新奇物性及其相关应用；

（4）建立新型二维材料的性能预测方法，设计并可控制备新型二维材料。

项目建设目标为：项目开始1年内（2019年7月31日前）完善中心内部管理和监督架构，按照管理办法规定聘任中心主任，并形成相关项目、人事、资产等管理制度。申请、承担20项以上国家、省、市级项目支持（包含国家重点研发计划、国家重大专项、国家自然科学基金杰出青年项目、国家自然科学基金优秀青年项目、国家自然科学基金重点项目、国家自然科学基金重大项目等）；申报中国、国际发明专利50项以上，发表高质量SCI论文100篇，吸引国内外院士15~30人次短期来中心工作；引进和培养国家杰出青年基金获得者和国家优秀青年基金获得者3~5名；引进和培养教育部长江学者特聘教授1~3名；培养博士后研究人员30名、博士研究生30名、硕士研究生40名。

截至2018年12月，已全面开展诺贝尔奖实验室项目改造装修工作。项目组成员研究方向覆盖新型炭材料、新型二维材料、电池、电化学电容器等领域，设备预计购置原子层沉积设备；现有团队骨干成员 15 人（其中院士 1人），聘有专职工程师 1 人。中心作为主办单位之一举办了 2018 年深圳国际石墨烯论坛及第二届储能材料国际研讨会，并作为重点单位受邀参加第五届中国国际石墨烯创新大会，作为广东区石墨烯创新中心代表单位之一参展。中心主任、诺贝尔奖获得者安德烈·盖姆教授正式受聘清华大学名誉教授，并多次来访指导实验室科研工作，中心科研人员已发表高质量 SCI 论文6 篇。

深圳盖姆石墨烯中心正以"深圳速度"不断前进，下一步将加快落实实验室基础条件改造项目及验收，在保证"深圳质量"的前提下，使其尽快投入使用。同时，加速完成中心内部管理和监督架构，并形成相关项目、人事、资产等管理制度；加大世界一流人才的引进步伐，让全球顶尖人才成为清华—伯克利深圳学院乃至深圳人才集聚的凝结核，为深圳科研及产业发展助力。

三、大卫·帕特森 RIOS 图灵奖实验室建设

大卫·帕特森（David A. Patterson），2017 年图灵奖得主，美国科学院、工程院、艺术与科学学院三院院士，伯克利加州大学电子工程与计算机科学学院 Pardee 荣誉教授，是国际公认的计算机体系结构领域顶尖科学家，是最早提出"精简指令集"（RISC）体系的专家。他与清华大学有着多年深厚的友谊和密切的合作，并于 2018 年获颁清华大学名誉博士学位。

他希望依托清华—伯克利深圳学院，瞄准世界 CPU 产业战略发展新方向和大湾区产业创新需求，聚焦于 RISC-V 开源指令集 CPU 研究领域开展研究，建设以深圳为节点的 RISC-V 全球创新网络。该研究将在处理器硬件领域打破商业企业（Intel、ARM）垄断、推动处理器技术发展，极大地推动半导体芯片的工业化进程，促进国家半导体核心战略的实施。大卫·帕特森院士一直坚持原创知识成果开源，希望以开源运动带动 RISC-V 全球化，形成新的开源 CPU 生态体系。同时中国科学技术协会、中央网信办等单位对大卫·帕特森院士来深圳合作也给予了高度重视，新华社参编部也专门进行了采访，为中央领导编制内参。

图7-6　邱勇校长授予大卫·帕特森清华大学名誉博士学位

图片来源：清华大学网站。

2019年1月，在深圳市科创委的大力支持下，帕特森教授指导完成了大卫·帕特森RIOS图灵奖实验室重点领域的规划、组织架构设计等前期准备工作；2019年3月18日，在市商务局的大力协调与支持下，市驻美办公室的同志代表深圳市专程拜访了帕特森教授，帕特森教授现已达成在深建设实验室的意向。帕特森教授对其自身背景与清华—伯克利深圳学院的契合度、旧金山大湾区与粤港澳大湾区的契合度感到十分高兴。

清华—伯克利深圳学院邀请了帕特森教授一行于2019年4月14~16日来深，就依托TBSI建设大卫·帕特森RIOS图灵奖实验室一事进行深入交流。2019年4月15日，大卫·帕特森来到清华—伯克利深圳学院（TBSI），为学院师生与产业合作伙伴带来一场题为"计算机系统结构的新黄金时代：领域特定的硬件/软件协同设计，增强的安全性，开放式指令集和芯片敏捷开发"的讲座。

大卫·帕特森作为最早提出"精简指令集"（RISC）体系的专家、谷歌公司杰出工程师、RISC-V（"第五代精简指令集"）基金会副主席，在演讲中，他回顾了近半个世纪以来的计算机体系结构变迁：从IBM System 360开始，它在 1964 年引入了"二进制兼容性"的概念。接下来，出现了"主导微处理器架构"的想法，早期的候选者是英特尔 432，它很快被 1978 年英特尔 8086 的紧急引入所取代。然而，在接下来的 20 年里，精简指令集计算机（RISC）成为主导。随后，超长指令字（VLIW）HP／Intel Itanium 架构在 2001 年成为他们的替代品，但 AMD 的引入 64 位 8086 取代了这一位置。虽然 8086 主导了 PC-Era，但 RISC 已经领先，目前每年出货 20B。由于"摩尔定律"和"Dennard 缩放"阻碍了通用微处理器的性能，因此领域特定的计算机体系结构是唯一的选择。谷歌在 2015 年推出的这一趋势的早期例子是用于基于云的深度神经网络的"张量处理器"（TPU）。

大卫·帕特森教授介绍，RISC-V 最初是伯克利加州大学的计算机科学部门开发的，是一个免费开放的开源指令集架构（ISA），通过开放式标准协作实现处理器创新的新时代，RISC-V 诞生于学术界和研究领域，具有更安全可靠、稳定的特点，为计算机架构提供了更高水平的免费、可扩展的软件和硬件自由度，为未来 50 年的计算设计和创新铺平了道路。RISC-V 基金会成立于 2015 年，由超过 235 名成员组成，建立了第一个开放、协作的软件和硬件创新者社区，为前沿的创新提供动力。

2019 年 4 月 15 日下午大卫·帕特森教授拜会了深圳市委书记王伟中，共同探讨 RISC-V 技术在深圳发展及实验室建设事宜。王伟中书记表示期望实验室的审批加速如期完成，同时，2020 年将是深圳市建立经济特区 40 周年，下一次研讨会在深圳举办将具有特殊的意义，王伟中书记希望下一次研讨会暨 RIOS 揭牌仪式在深举办。王伟中书记也再次强调，深圳市希望建立起开放共享的科研平台，科学家有国籍之分，但是科学是无国界的，只要是对人类社会有益的事情，深圳市都将大力支持。

2019 年 6 月 12 日，大卫·帕特森在瑞士宣布，将依托清华—伯克利深圳学院（TBSI）建设 RISC-V 国际开源实验室（RISC-V International Open Source Laboratory），又称大卫·帕特森 RIOS 图灵奖实验室（以下简称 RIOS 实验室）。

作为计算机体系结构领域享誉世界的顶级科学家，大卫·帕特森最早提出"精简指令集"（RISC）体系。第五代精简指令集（RISC-V）是目前最新一代伯克利 RISC 处理器指令集，由帕特森教授带领的伯克利加州大学团队于 2011 年首次发布。RISC-V 的硬件和软件技术发展吸引了世界各国的关注。特别值得一提的是，该指令集完全开源并免费。大卫·帕特森院士一直坚持原创知识成果开源，希望以非商业性的开源运动带动 RISC-V 全球化，形成新的开源 CPU 生态体系。

RIOS 实验室将瞄准世界 CPU 产业战略发展新方向和粤港澳大湾区产业创新需求，聚焦于 RISC-V 开源指令集 CPU 研究领域开展研究，建设以深圳为节点的 RISC-V 全球创新网络。研究将极大地推动全球 RISC-V 技术的工业化进程和软硬件生态建设。RIOS 实验室由大卫·帕特森院士担任实验室主任，将依托清华—伯克利深圳学院开展工作。

RIOS 在西班牙语中意为河流，代表着汇聚资源，形成聚力。将实验室命名为 RIOS，也传达了大卫·帕特森院士对开源的支持与对合作前景的美好祝福。未来依托该实验室将开展硕士、博士培养项目，并以此作为清华大学深圳国际研究生院核心学科建设的一部分，在教师和研究人员的选聘方面建立配套措施。

RIOS 实验室在深圳的建设也有着深远的意义，其研究方向契合深圳市战略性新兴产业布局，将极大推动 RISC-V 的工业化进程和在全球的广泛产业应用，进一步建立与全球各大公司的联系与合作。RIOS 实验室落户深圳，还将为深圳聚集和培养面向处理器和开源硬件设计的高端急需人才，有助于深圳国际化科技生态圈建设及智能硬件产业链布局，提升粤港澳大湾区在 RISC-V 开源处理器全球生态圈中的话语权与影响力。

第三节　TBSI 继续教育项目创新实践

一、"科学企业家·大湾区"培训项目

为支持国家战略，助力大湾区及深圳市的发展，打造全球前沿科技与中国金融资本的深度对话平台，清华大学五道口金融学院、清华—伯克利深圳

学院、美国麻省理工学院斯隆管理学院联合打造"科学企业家·大湾区"项目，以清华大学和麻省理工学院的最强科研力量为基础，整合中国科学院、中国工程院等顶尖科研机构的资源，打造全球前沿科技与中国金融资本的深度对话平台。作为特别面向粤港澳大湾区的"科学企业家"项目，旨在将全球前沿科技创新与大湾区产业与企业发展的需求相结合，砥砺支持国家战略，助力大湾区建设。

"科学企业家"项目，英文名称是 Scienvest，意思是投资于科学或者说是投身于科学。课程设置以科学哲学为主线，设置医疗健康与生物医药、新材料、新能源技术、清洁技术与节能环保、信息技术、现代农业、智能制造与高端装备、MIT 科技之旅八大模块。结合大湾区产业特点，在生命科学、智能制造、信息技术领域将有所偏重。师资构成由国内外相关领域领衔院士，诺贝尔奖、图灵奖获得者担纲主讲。整合清华大学、麻省理工学院、伯克利加州大学、中国科学院、中国工程院、香港科学院等顶尖科研机构的资源，科技驱动，面向未来，服务大湾区科技创新。过去两年，已经有 4 个班次、250 多名学生参加了这个项目的学习。通过系统学习，让企业家在战略决策能力上添加一套科学的框架和科学的思维逻辑，这正是项目的价值所在。清华大学五道口金融学院金融 EMBA 与高管教育中心在过去的四年中取得了快速的发展，依托学院金融学科背景，不仅开设了包括银行、保险、资产管理等方向的高管教育项目，还与清华大学美术学院、医学院、药学院，也包括清华—伯克利深圳学院共同合作开发了很多跨界创新项目，受到校友们的热烈欢迎。

清华大学五道口金融学院的"科学企业家"项目以清华大学和麻省理工最强科研力量为基础，整合中国科学院、中国工程院，美国、欧洲、香港顶尖科研机构的资源，打造科学家与企业家的深度对话平台，帮助学员跨界学习、拓宽视野，塑造面向未来的新一代科学企业家。本次特别开设的大湾区项目由清华大学深圳国际研究生院鼎力支持，在清华大学深圳研究生院和清华—伯克利深圳学院的基础上成立的清华大学深圳国际研究生院于 2018 年11 月正式获批设立，也是清华大学在国内唯一的异地办学机构。大湾区项目在课程体系的设置上，特别根据大湾区产业布局的特点进行了量身定制，全面服务大湾区科技创新。

该项目主要采取在职学习的方式，每月集中授课3~4天，学制两年，共13次授课，其中国内授课12次，MIT斯隆管理学院1次海外授课；属于非学历学位职业教育，毕业颁发结业证书；以课堂授课为主，结合移动课堂、案例研讨、企业参访、热点讲座、投资人论坛、企业成长之路、博士夜话等多样授课形式。招生对象50%学生来自于清华五道口EMBA毕业校友，另外50%面向校外公开招生，以上市公司/龙头企业的实际控制人，产业投资人以及科技类的独角兽公司创始人为主。

该项目首期班招募了全国22个省份70余位杰出企业家报名，广东地区学生占比45%，上海地区学生占比21%，产业囊括医疗健康、信息科技、现代服务（含金融）、高端制造、房地产信息科技等行业的企业家，其中有25家上市公司，他们都是中国经济发展的中坚力量。作为行业领军人物，他们通过在科学企业家课堂上系统学习，期望在战略决策能力上添加一套科学的框架和科学的思维逻辑，为中国企业的发展提供科技助力。首批项目学员的详细构成情况如下：

（1）性别：其中男生62人（占比84%），女生10人（占比16%）；

（2）年龄：平均年龄48岁，最小33岁，最大64岁；

（3）学历：本科以上学历占比93%；硕士以上学历占比65%；博士以上学历占比15%；

（4）地区：分布在全国11个省市区，广东地区学生占比45%，上海地区学生占比21%；

（5）职务：企业最高决策者占比63%，各类机构高层管理者占比100%；

（6）单位：上市公司25家，占比34%；

（7）行业：实体经济企业学生占比68%；金融行业学生占比32%。

课程的模块设置围绕医疗健康与生物医药、新材料、新能源技术、清洁技术与节能环保、信息技术、现代农业、下一代机器人与高端装备、MIT前沿科学之旅八大模板。首期的课程安排如表7-1所示：

表 7-1 首期的课程安排

课次	时间安排	天数（天）	课程
1	2019 年 4 月 11~14 日（惠州）	4	开学模块+科技通识
2	2019 年 5 月 10~12 日（深圳）	3	医疗健康与生物医药 1
3	2019 年 6 月 14~16 日（深圳）	3	医疗健康与生物医药 2
4	2019 年 7 月 12~14 日（北京）	3	医疗健康与生物医药 3
5	2019 年 9 月 6~8 日（东莞）	3	信息技术模块
6	2019 年 10 月 21~27 日（美国）	7	MIT 模块：全球未来科技探索
7	2020 年 1 月 10~12 日（北京）	3	现代农业技术模块
8	2020 年 3 月 20~22 日（香港）	3	新材料模块
9	2020 年 5 月 22~24 日（广州）	3	新能源模块
10	2020 年 7 月 10~12 日（深圳）	3	高端装备模块
11	2020 年 9 月 10~13 日（上海）	4	节能环保与清洁技术模块（合）
12	2020 年 11 月 13~15 日（北京）	3	智能制造模块
13	2021 年 1 月 8~10 日（深圳）	3	信息技术模块

在项目开展期间，深圳市政府及社会各界人士都十分关注该项目，2019年 5 月 9 日下午，深圳市政府相关部门做客"科学企业家·大湾区"，并组织了题为"深圳市科技产业布局与发展"的恳谈会，与首期学员共同探讨粤港澳大湾区建设大背景下深圳的科技产业发展趋势。时任深圳市副市长王立新、清华大学深圳国际研究生院执行院长高虹出席恳谈会。高虹院长指出，"'科学企业家·大湾区'作为国际研究生院与五道口金融学院联合主办的项目，是清华大学推动科研与产业需求深入融合的创新实践。希望通过本项目，建设链接科研与产业、资本融合发展的平台，探索大学—产业—政府的合作模式，共同助力粤港澳大湾区的发展"。

时任深圳市副市长王立新为学员带来了题为"深圳——迈向全球科技创新之都"的主题演讲，从重大战略机遇、创新发展历程、科技创新实践和打造核心引擎四个方面，介绍了深圳如何向建设中国特色社会主义先行示范区的方向前行，为创建社会主义现代化强国的城市范例所做出的努力。在科技创新实践部分，王立新着重介绍了深圳市政府在推动科技创新、产业升级方面做出的改革举措，包括发力科技体制机制改革、布局建设重大创新平台、推动核心技术自主可控、强化人才第一资源优势、加大营商环境改革力度和优化综合创新生态系统。王立新用丰富翔实的案例，从政策规划角度给出高屋建瓴的分析，帮助学员快速、深入了解深圳市科技产业布局与发展。

在互动交流环节，企业家学员们积极分享经验、交流见解、碰撞智慧。深圳市科技创新委员会副主任钟海，深圳市工业和信息化局党组成员、市中小企业服务局局长贾长胜，深圳市商务局副局长张非梦现场解答了学员关于科技创新支持、4K 生态圈发展规划、通用航空产业政策、生物医药产业布局等方面的问题。

二、清华—伯克利中学生领导力联合培养计划

2018 年 6 月，为延续清华大学和伯克利加州大学之间的合作精神，充分融合伯克利加州大学的过往经验与两院的现有资源，两校决定由启动优选高中生培养项目展开合作，并签署合作谅解备忘录，启动清华—伯克利中学生领导力联合培养计划（Leading Trend Innovation Program），以秉承两校服务世界的社会使命，贯彻 Liberal Studies、Interdisciplinary、Practical Learning 相结合的未来人才培养方法，联合训练青少年精英，深化两院的合作关系和密切联系。

清华—伯克利中学生领导力联合培养项目为期 16 天，有 2 天在 TBSI 深圳校区，14 天在美国伯克利加州大学深入学习和考察。由两校共同配对师资，结合当今热点学科话题及未来发展趋势，设计好针对中学生的课程培养体系，集授课、探访、实践及拓展活动为一体，旨在引导学生发现科学与人文的魅力，了解高新前沿行业的发展趋势，提前领略顶尖高校学府的学术氛围，提升学生发现、解决、分析问题的四维能力，以便未来更好地适应顶尖高校的教育强度和节奏，最终实现两校服务社会、服务世界的社会使命。

第一期清华—伯克利中学生领导力联合培养于 2019 年 1 月 26 日至 2 月

9 日在深圳和美国两地开展，给予完成培训计划的学生颁发伯克利加州大学的结业证书，并有机会加入 TBSI 的新材料、新能源、人工智能、大数据、智慧医疗等多个前沿实验室实习和学习。报名的学生需要提供托福或雅思的语言成绩，提交申请表、中英文个人陈述信、在校 GPA 成绩等相关资料给清华大学、伯克利加州大学的教授进行选拔，并结合面试成绩择优录取。课程设计分为三大板块：深圳的诺贝尔科研之旅、伯克利科学与技术之旅（第一周）、伯克利社会科学与艺术之旅（第二周）。

第四节　TBSI 全球教师引进规范流程

通过多年的人才引进与积淀，TBSI 的高水平人才引进工作取得了较好的成绩，再现"鸿雁归来"的境况，大批高层次人才向 TBSI 汇集。

TBSI 选聘全球一流师资，需要经由清华大学与伯克利加州大学两校共同组建的学术指导委员会（AAC）、评聘专家小组和招聘委员会严格把关，通过公开学术报告、学术规划报告、一对一面谈等多轮选聘流程。这样一套更为多元化的学术考评体系，为更多有潜力的青年学者提供机会进入 TBSI 工作，为青年优秀人才提供发展空间，为学术发展储备更多青年力量、注入更多活力。

TBSI 计划每年设置两轮招聘，分别于春季学期和秋季学期启动。每轮招聘启动前，由人事部门起草招聘日程表与分工表，根据招聘日程有序推进相关招聘事宜。为规范学院招聘工作，给中外籍教师创造国际化的面试和入职体验，人事部门牵头制定了一系列中英双语版的规范性文件，包括合同、入职指南、住房安排等。同时，由于外籍教师普遍不了解中国政策，对于举家来中国工作存在很多疑虑和担心，人事部门亦起草了一份双语版问答指南，针对外籍教师关心的各项福利政策做出了详细的说明。此外，为扩大学院影响力，在相关学术领域吸引更多国际上高水平的人才加入，TBSI 整理了《教师引进与晋升工作专家聘请有关费用支出办法》等制度性文件。

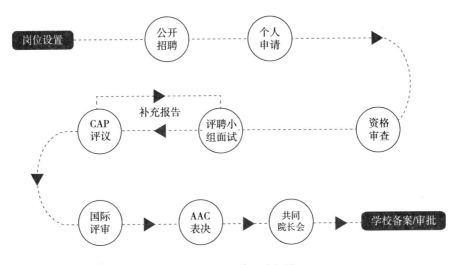

图 7-7　TBSI 聘任流程图

注：AAC, Academic Advisory Board, 学术指导委员会；CAP, Committee of Appointment and Promotion, 人才引进晋升委员会；Search Committee, 招聘委员会；Interview Panel, 评聘专家小组。

TBSI 在建立全新的人才评价及引进程序上做出的有益尝试，也取得了不错的成绩。TBSI 不仅通过人才聘任流程引进数批国内外知名学者，更鼓励教师在学院从事教学科研工作中追求更多成果。

通过 TBSI 第二批全职教师引进，被聘任为 TBSI 精准医学与公共健康研究中心首席科学家的 Peter E. Lobie 教授，是国际知名学者，1994 年获瑞典卡罗琳斯卡医学院医学博士学位，2006 年入选新西兰皇家科学院院士，时任新加坡国立大学终身教授职位。由他领衔成立的 TBSI 肿瘤治疗研究实验室，聚焦于分泌型及膜结合型肿瘤治疗新靶点的识别、与临床化疗靶向药物的相互作用机理、肿瘤靶向原创新药的研发及伴随诊断试剂的开发。他也将自己在生命伦理方面的工作经验应用在 TBSI，监督涉及人类参与者、动物参与者的相关研究，防范伦理道德风险。

2018 年 2 月通过选聘流程引进学院的青年教师方璐，现任学院教研系列拟聘副教授，数据科学与信息技术研究中心副主任，主要从事计算摄像与三维视觉的理论、算法及应用等研究。她获得了 2018 年度清华大学"学术新人奖"，该奖项是清华大学青年教师的最高学术荣誉，用于奖励在学术研究上具有创新精神、近几年取得突出研究成果的青年教师。她同时是国家自然科学基金优秀青年获得者。此外，由她领衔的实验室承担了国家自然基金国际（地区）合作与交流项目，负责多尺度相机阵列动态十亿像素计算成像；高分辨率图像处理与显示获得国家自然基金优秀青年项目；高清视频实时成像及在线视觉分析获得深圳市科创委基础研究（学科布局）专项支持。

2016 年 6 月引进的青年教师刘碧录，现任学院教研系列准聘副教授，环境科学与新能源技术研究中心副主任，主要从事低维半导体材料和器件研究。他也是 2018 年度清华大学"学术新人奖"的获得者之一，国家自然科学基金优秀青年获得者。进入 TBSI 工作以来，其承担了国家省市多项重大项目工作，其工作成果被国家自然科学基金委主页、清华大学新闻、*Nature Communications*、*Science Foundation in China*、央视一套新闻联播等报道。他领衔的实验室研究的温室工作的范德华异质结人工微结构中红外探测器及集成，获得国家重点研发计划子课题；具有磁光效应的二维材料的可控制备及其应用探索获得国家自然基金国际（地区）合作与交流项目；低维材料与器件获得国家自然基金优秀青年项目；他参与的石墨烯制造业创新中心获得深圳市十大行动计划专项资金。他指导的学生发表的论文入选 2019 年基本科学指标数据库（ESI）高被引论文中。

第五节　TBSI 博士后团队建设及活动

截至 2019 年底，TBSI 共招收博士后 65 人，其中出站 23 人。博士后毕业学校包括剑桥大学、普渡大学、斯坦福大学、宾夕法尼亚州立大学、清华大学等，专业主要涉及环境、材料、物理、化学、电气工程、生物、医学、经济学等方向。

组织和开展过如下多场高质量的活动，具体见表 7-2。

表7-2 TBSI博士后活动

活动时间	活动简介
2017年10月	在"一带一路"和"粤港澳大湾区"建设的新形势下，为庆祝香港回归20周年，由TBSI人事办组织，TBSI博士后联合会同香港科技大学内地学生学者联谊会共同举办"TBSI-HKUST深港博士后交流会"。活动得到深港两地博士后积极响应，有效促进了深港博士后的学术交流和文化互通
2017年12月	为加强博士后国际化培养、连接博士后与产业界结合，TBSI连同清华大学博士后管理办公室、深圳市科学技术协会共同主办"清华大学博士后创新讲坛第四届深圳产业论坛"。本论坛以"人工智能+共创粤港澳大湾区"为主题。清华大学党委常委、副校长、校博士后管委会主任王希勤，深圳市人大常委会副主任、深圳市科协主席、清华博士后校友会深圳分会会长蒋宇扬，时任清华—伯克利深圳学院院长张林，以及来自相关政府部门和企业的嘉宾、博士后校友、TBSI师生200余人参加了论坛。论坛同时邀请了来自北京、广东、香港、澳门、台湾的5位学者进行了精彩的学术报告分享
2018年6月3日	与清华大学深圳研究生院共同组织，两院博士后共同参与的大鹏区拓展活动
2018年9月27日	清华—伯克利深圳学院人事办组织的2018年度博士后座谈会在南山智园顺利召开。时任清华—伯克利深圳学院共同院长张林老师、清华—伯克利深圳学院精准医学与公共健康研究中心教授Peter E. Lobie院士、清华—伯克利深圳学院青年教师代表，环境科学与新能源技术研究中心副教授刘碧录老师，时任行政办高级主任宋岩老师等同与会博士后进行了精彩分享
2018年11月	清华大学博士后创新讲坛第五届产业论坛在澳门大学顺利召开。本次论坛以"区块链——驱动创新、链接未来"为主题，邀请了来自相关政府部门和企业的嘉宾、博士后校友、TBSI师生。论坛的主题报告会上，来自伯克利加州大学、清华大学、香港资讯科技联合会和澳门大学的五位学者及企业家作了精彩的报告
2018年12月1日	与清华大学深圳研究生院共同组织，两院博士后共同参与了深圳南澳基地拓展活动
2019年3月28日	清华博士后宁波创业创新论坛在宁波江北启动。50余位来自清华大学、清华大学深圳研究生院、清华大学博士后校友会等高校机构的专家人才齐聚姚江北岸，聚焦大数据、物联网、人工智能、新材料、生命健康等产业，开展项目路演和对接交流。此次论坛由市委组织部（市委人才办）、市科协、江北区人民政府、清华大学博士后深圳校友会共同主办。与会专家后续陆续前往江北、北仑和高新区，通过面对面实地考察和点对点精准对接，进一步了解宁波的人才生态和发展环境，同时寻找各自研究领域和宁波产业发展的结合点和可能性
2019年5月25日	与清华大学深圳研究生院共同组织，两院博士后共同参与的大鹏半岛拓展活动
2019年6月7日	第一届"人才杯"端午龙舟赛在深圳市人才研修院举行，深圳清华博士后校友会受邀参加，与来自深圳市人才研修院、北京大学深圳研究生院等高层次人才代表展开激烈角逐。最终，深圳清华博士后校友代表以2分44秒的好成绩，获得团体三等奖

活动时间	活动简介
2019 年 6 月 12 日	清华博士后校友受邀前往香港大角嘴天主教小学，与相关领域的专家学者，就高等教育与基础教育的融合创新进行交流讨论，探讨高等教育与基础教育在未来大湾区的发展模式和机制，从而助力大湾区的人才培养
2019 年 6 月 14 日	由深圳清华博士后校友会与南方科技大学实验一小、南山区文理实验学校（集团）文理二小共同发起的"Mini Tech-Team"（小型科研团队）项目顺利结营
2019 年 6 月 29 日	第六届清华博士后创新产业论坛（深圳）暨 2019 "同筑杯"第六届博士后创新创业大赛顺利举行
2019 年 7 月 23 日	筑梦万里行深圳夏令营活动在清华—伯克利深圳学院顺利举行，深圳清华博士后校友会受邀参加，与来自甘肃省的 40 余名优秀高中生现场交流，分享学习经验与心得。此次夏令营甘肃学子远赴深圳，走进清华，聆听博士后榜样分享，感知高新文化和科技发展，踏上筑梦之路
2019 年 9 月 22 日	由深圳市清华大学校友会、清华深圳研究生院校友会联合主办的"从清华园到深圳湾——2019 深圳清华校友迎新日活动"成功举行
2019 年 12 月 8 日	清华大学博士后创新讲坛第六届深圳产业论坛举办。论坛以"科技湾区·智慧先行"为主题，旨在为清华大学博士后校友与粤港澳大湾区的企业家搭建一个"产学研资"对接交流的互动平台，共同支持深圳建设中国特色社会主义先行示范区

第六节　TBSI 大事件回顾

一、清华—伯克利深圳学院联合管理委员会第一次会议举行

2015 年 2 月 12 日，清华—伯克利深圳学院联合管理委员会第一次会议举行，本次会议通过远程视频的形式，实现了清华大学—伯克利加州大学—深圳市三方跨区域连线会谈。清华大学党委书记、校务委员会主任陈旭，时任伯克利加州大学校长杜宁凯（Nicholas Dirks），时任深圳市市长许勤出席会议。

二、清华—伯克利深圳学院学术指导委员会召开首次会议

2015 年 4 月 15 日，清华—伯克利深圳学院首次学术指导委员会通过视频连线的方式，在北京和伯克利两地召开了第一次会议。清华大学副校长杨斌和时任伯克利加州大学工学院院长山卡·赛斯绥共同主持了会议。会议审议并批准了学院首批建设的三个交叉学科研究中心环境科学与新能源技术、数据科学与信息技术、精准医学与公共健康的实验室规划方案以及首批核心 PI 名单，并审议通过了依托上述三个研究中心开展交叉学科博士生培养的方案。

清华—伯克利深圳学院的学术指导委员会经由 2015 年 2 月 12 日召开的学院管委会会议授权成立，由两校共 12 位委员组成，是清华—伯克利深圳学院开展教学和科研活动的决策机构。

三、清华—伯克利深圳学院产业顾问委员会就职仪式暨产学研论坛举行

2015 年 10 月 19 日下午，清华—伯克利深圳学院产业顾问委员会（Industrial Advisory Board，IAB）聘任仪式在深圳西丽大学城清华校区举行。清华大学副校长、教务长杨斌，时任伯克利加州大学副校长 John Wilton 出席会议，为学院第一届产业顾问委员会的委员颁发聘书，并参加了产学研论坛。清华—伯克利深圳学院首届博士生 30 余人、来自清华和伯克利两校的教授 20 余人，以及 60 多名工业界领袖和清华校友参加了会议。

四、清华—伯克利深圳学院揭牌仪式在南山智园隆重举行

2015 年 10 月 20 日上午，清华—伯克利深圳学院揭牌仪式在深圳市南山区智园举行。广东省委副书记、时任深圳市委书记马兴瑞，时任市长许勤；时任清华大学常务副校长程建平，清华大学副校长杨斌，时任伯克利加州大学副校长 John Wilton，清华—伯克利深圳学院共同院长 Connie Chang-Hasnain，

来自清华大学、伯克利加州大学的相关负责人和教师代表，以及 TBSI 的 22 名特聘核心教授和 30 余名博士生等出席揭牌仪式。

五、清华—伯克利深圳学院联合管理委员会第二次会议顺利召开

2017 年 3 月 2 日上午，清华—伯克利深圳学院联合管理委员会第二次会议通过远程视频的形式在深圳、北京、美国加州三地同时召开。

时任深圳市常务副市长张虎，时任深圳市副市长吴以环代表时任深圳市委书记、时任市长许勤出席会议，清华大学副校长、教务长杨斌代表清华大学校长邱勇出席会议，时任伯克利加州大学校长杜宁凯 Nicholas B. Dirks 出席会议。

六、TBSI 第二次"思享会（Retreat）2017"活动成功启动

2017 年 6 月 26 日，清华—伯克利深圳学院第二次"思享会（Retreat）2017"活动在惠州小径湾华润大学成功启动。来自中美两国的 50 多位 TBSI 特聘核心教授，TBSI 访问学者和访问学生，TBSI 在站博士后，TBSI 全体在校学生及行政教辅人员共超过 200 人积极参与了此次活动。

七、共创历史性合作：陈旭书记访问伯克利加州大学 签署两校创新型高层次人才培养合作备忘录

2017 年 9 月 28 日，清华大学党委书记、校务委员会主任陈旭应邀对伯克利加州大学进行访问，进一步推动和深化两校交流合作。访问期间，两校共同签署了《清华大学与伯克利加州大学关于深化工程领导力研究生学位项目的合作备忘录》，决定基于清华—伯克利深圳学院平台，启动两校全新硕士学位项目设计，全面深化两校合作。

八、清华—伯克利深圳学院完善人才引进流程 成立人才引进委员会（CAP）

2017 年 10 月 16 日上午，清华—伯克利深圳学院召开人才引进委员会（Committee of Appointment and Promotion，CAP）第一次会议。会议讨论了进一步完善人才引进流程。

九、清华—伯克利深圳学院第三届尖端科技峰会在伯克利加州大学举办强强联手定义未来高等教育与科研转化新模式

2018 年 1 月 23 日，清华—伯克利深圳学院第三届尖端科技峰会在美国伯克利加州大学召开，峰会为期两天至 1 月 24 日，主题为科技创新与技术转化、技术与未来。来自清华大学和伯克利加州大学的知名专家学者就当今世界的科技发展趋势及两校合作办学展开了深入讨论。

本次峰会由伯克利加州大学和清华—伯克利深圳学院联合主办，吸引了旧金山硅谷湾区超过 100 名各界精英热情参与。伯克利加州大学校长卡洛·克里斯特（Carol Christ），清华大学副校长、教务长杨斌，中国驻旧金山总领事馆科技参赞祝学华出席开幕式。

十、TBSI 举行国际顾问委员会第一次全体会议 国际顶尖智库为学院发展建言献策

2018 年 3 月 26 日，清华—伯克利深圳学院在深圳市南山区举行国际顾问委员会（External Advisory Board，EAB）第一次全体会议，来自美国、英国、日本等国家的八位学界权威领袖应邀成为 TBSI 国际顾问委员会创始成员。会议期间，委员们将聆听 TBSI 创建以来的办学成绩汇报，立足全球视野，就学院未来发展的各项战略目标提供指导性和建设性意见。

十一、面向世界 共创未来 清华大学深圳国际研究生院一期工程正式启动

2018 年 5 月 7 日上午，清华大学深圳国际研究生院一期（清华—伯克利深圳学院院区）工程奠基仪式在深圳大学城举行。清华大学校长邱勇、副校长尤政，深圳市市长陈如桂、时任副市长高自民，伯克利加州大学校长卡罗尔·克里斯特（Carol T. Christ），共同出席奠基仪式。仪式由时任清华—伯克利深圳学院共同院长张林主持。在奠基仪式前，邱勇会见了伯克利加州大学校长卡罗尔·克里斯特（Carol T. Christ）一行，双方进行了亲切的交流（见图 7-8）。

图 7-8　邱勇与卡罗尔·克里斯特（Carol T. Christ）合影

图片来源：清华大学官网。

十二、TBSI 第三次"思享会（Retreat）2018"活动正式启动

2018 年 6 月 27 日，清华—伯克利深圳学院第三次"思享会（Retreat）2018"活动在惠州小径湾华润大学正式启动。来自中美两国 50 多位 TBSI 核心科学家，访问学者和访问学生，在站博士后，TBSI 全体在校学生及行政教辅人员 300 余人参与了本次活动。

十三、清华大学与深圳市人民政府签署全面战略合作框架协议

2018 年 12 月 1 日，清华大学与深圳市人民政府全面战略合作框架协议签署仪式在深圳举行。广东省委常委、深圳市委书记王伟中，市委副书记、市长陈如桂，市委常委、秘书长高自民，时任副市长王立新，时任市政府秘书长、办公厅主任李廷忠，清华大学校长邱勇，副校长、教务长杨斌，副校长尤政出席签署仪式。

十四、清华—伯克利深圳学院学术伦理审查委员会成立

2018 年 12 月 14 日上午，清华—伯克利深圳学院联合管理委员会第四次会议暨清华—伯克利深圳研究院理事会第一次会议，以远程视频的方式在深圳、北京、美国加州、澳大利亚四地同时召开。会议原则审议并批准设立学院学术伦理审查委员会（Institutional Review Board，IRB）。

十五、清华—伯克利深圳学院联合管理委员会第四次会议 暨清华—伯克利深圳研究院理事会第一次会议顺利召开

2018 年 12 月 14 日上午，清华—伯克利深圳学院联合管理委员会第四次会议暨清华—伯克利深圳研究院理事会第一次会议顺利召开。会议以远程视频的方式在深圳、北京、美国加州、澳大利亚四地同时举行，主会场位于深圳市南山智园。

十六、清华大学深圳国际研究生院揭牌 创新领军工程博士粤港澳大湾区项目同期发布

2019 年 3 月 29 日，作为清华大学国内唯一的异地办学机构，清华大学深圳国际研究生院正式揭牌，深圳市与清华大学市校合作进一步升级。深圳市委副书记、市长陈如桂，时任副市长王立新，清华大学校长邱勇，副校长、教务长杨斌出席清华大学深圳国际研究生院理事会第一次会议暨揭牌仪式。

深圳市发改委、教育局、科技创新委、财政局、规划和自然资源局，清华大学校办、研究生院、科研院、人事处、财务处、国际教育办、经管学院、清华—伯克利深圳学院、深圳研究生院等相关负责人及部分教师代表，以及腾讯创始人之一、腾讯公益慈善基金会荣誉理事长陈一丹，深圳鹏瑞集团董事局主席、鹏瑞启航公益基金会发起人徐航，北极光创投创始人邓锋等出席会议和仪式，共同见证清华大学深圳国际研究生院的揭牌。

十七、清华—伯克利深圳研究院常务理事会第一次会议顺利召开

2019 年 5 月 21 日上午，清华—伯克利深圳研究院常务理事会第一次会议通过视频会议的方式在深圳、北京、美国加州伯克利三地同时召开。常务理事会成员，清华大学副校长杨斌，清华大学深圳国际研究生院执行院长高虹，深圳市科技创新委员会主任梁永生，伯克利加州大学科研副校长 Randy H. Katz，伯克利加州大学学术规划副教务长 Lisa Alvarez-Cohen 出席了会议。

十八、图灵奖得主大卫·帕特森宣布依托清华—伯克利深圳学院建设 RISC-V 国际开源实验室

2019 年 6 月 12 日，图灵奖得主、计算机体系结构领域享誉世界的顶级科学家大卫·帕特森（David Patterson）在瑞士宣布，将依托清华—伯克利深圳学院（TBSI），建设 RISC-V 国际开源实验室（RISC-V International Open Source Laboratory）。

十九、TBSI 国际顾问委员会第二次会议召开

2019 年 7 月 17~19 日，清华—伯克利深圳学院国际顾问委员会第二次会议在惠州小径湾举行，来自美国、英国、日本等国家的学界权威和业界领袖应邀参加，一同听取 TBSI 过去一年的办学工作汇报，就学院未来发展的各项目标提供全球视野下的战略性指导意见。清华大学副校长、教务长杨斌，伯克利加州大学学术规划副教务长丽莎·阿尔瓦雷斯—科昂（Lisa Alvarez-Cohen），伯克利加州大学工程学院院长、电子工程与计算机科学系首席教授、美国国家工程院院士金智杰（Tsu-Jae King Liu）等出席会议。

二十、TBSI 第四次"思享会"在深圳大学城举办

2019 年 7 月 15 日上午，清华—伯克利深圳学院第四次"思享会（Retreat Conference）2019"活动在深圳大学城正式启动。来自全球一流高校、科研院所、行业领先企业的主讲嘉宾和分论坛嘉宾，TBSI 全体师生、博士后以及各界来宾 500 余人参与了本次活动（见图 7-9）。

图 7-9 TBSI "思享会"

图片来源：TBSI 官网。

二十一、TBSI 首届研究生毕业典礼在南山智园举行

2019 年 7 月 19 日下午,清华—伯克利深圳学院首届研究生毕业典礼在南山智园 C3 栋 21 楼报告厅举行,TBSI 核心科学家们一同见证首届博士毕业生和硕士毕业生代表顺利毕业。TBSI 共同院长常瑞华教授(Connie Chang-Hasnain)、高虹教授,共同副院长林立伟教授、陈伟坚教授和 Slav Hermanowicz 教授出席典礼并致辞。

第七节　教授成果展示及科研活动

一、Guo Xin 教授团队大幅提升糖尿病视网膜病变筛查准确率

TBSI 核心科学家、加州大学伯克利分校讲席教授、美国劳伦斯国家实验室科学家 Guo Xin 教授,与由她创建的伯克利数据与风险分析实验室的科研团队(包括 TBSI 博士生 Guan Wang 和研究员 Cheng-ju Wu),利用机器学习技术开发出的新算法和系统,协助眼科专家提高对糖尿病视网膜病变(以下简称 DR)筛查的准确性。

Guo Xin 教授的研究领域为随机控制和机器学习。她和她的团队自 2016 年开始,在江西进行研发试用,并在江西多个县镇参加糖尿病视网膜病变、青光眼病的筛查工作。目前在 DR 筛查方面取得成效,准确检测率达 97%,而眼科专家检测 DR 的平均一致性为 65%。Guo Xin 教授团队开发的这个机器学习算法,通过检测眼底视网膜图像中的病症,大幅提高了 DR 筛查的准确性。Guo Xin 教授希望利用机器学习技术在其他 17 种主要眼病的筛查方面取得更多突破。她和她的团队正在协助地方医院创建一个新的远程诊断系统来筛查 DR,医院希望这项技术可以帮助更多基础贫困区域的患者。

目前全世界估计有 4.15 亿人患有糖尿病,预计这一数字到 2040 年将增

加到 6.42 亿。大约 1/3 的糖尿病患者患有 DR，而 DR 是糖尿病患者视力丧失的最常见原因。虽然早期发现和治疗可以有效预防 DR 引起的失明，但长期以来面临难以精确、快速诊断的问题。Guo Xin 教授团队开发的算法和系统，将为 DR 的筛查与诊断带来变革。

二、孙宏斌教授团队与中国南方电网公司深入交流

教育部长江学者、清华大学教授、TBSI 核心科学家孙宏斌教授团队于 2019 年 5 月 14 日到中国南方电网公司总部基地就"能源互联网与泛在电力物联网"与总部各部门做专题技术交流。TBSI 智能电网与可再生能源实验室核心科学家（全时助理教授）许银亮、郭烨、张璇，研究科学家沈欣炜及部分在读研究生，以及南方电网总部各部门，南网科研院、南网能源院，广州供电局、深圳供电局等单位领导与业务代表出席技术交流会。

孙宏斌教授从能源互联网与泛在电力物联网概念出发，分别比较国内与国外技术发展异同，提出我国技术发展的核心驱动力，从如何建设能源互联网和泛在电力物联网的角度出发，阐述我国电力行业现状与需求、未来的建设目标、建设原则、建设任务以及典型运行场景，对未来电力行业发展提出自己的见解。并与到会的中国南方电网公司副总工程师、电力调度控制中心主任刘映尚，科技部副主任郑耀东等就能源互联网与泛在电力物联网未来发展进行了深入友好的讨论。

三、TBSI 共同院长常瑞华入选美国国家发明家科学院院士

2018 年 12 月 11 日，TBSI 共同院长、核心科学家常瑞华当选美国国家发明家科学院（NAI）院士。当选美国国家发明家科学院（NAI）成员是美国学术发明者的最高荣誉，以表彰他们创造或改进的对生活质量、经济发展和社会福利产生实际影响的杰出发明以及他们的创新精神。

常瑞华教授的研究领域包括半导体光电器件、材料和物理。目前，她专注于垂直腔面发射激光器（VCSEL）和阵列、纳米光子材料和器件方面的研究。她的发明有助于将 VCSEL 建立为数据中心光纤通信，光学相干断层扫

描和 3D 感的主导技术。2017 年，常瑞华教授因其对波长可调二极管激光器和多波长激光器阵列的贡献而当选美国国家工程院院士。此外，她因"通过开发光通信和光学传感的新功能，开创了 VCSEL 光子学的先锋杰出研究"而荣获 2018 年大川赏。

常瑞华教授最著名的发明之一是微电子机械系统（MEMS）和 VCSEL，VCSEL 创造了一类新的连续可调和可扫描激光器。MEMS-VCSEL 使光学 3D 成像系统能够在更大的视场范围内实现高分辨率，并且可以观察到其他手段无法观察到的特征。这项成果可以大量应用于生物医学和药物分析以及传感应用和数据中心光纤通信。

伯克利加州大学知识产权和行业研究联盟的助理副校长 Carol Mimura 评价，常瑞华教授是杰出科学家的典范，她为了社会福祉而发明创造，并且在教学、研究和创业方面都收获无数荣誉。

常瑞华教授目前除了担任 TBSI 共同院长外，也是伯克利加州大学工学院副院长及电子工程与计算机科学系 Whinnery 讲座院士。她同时是俄罗斯 Ioffe 研究所名誉会员及北京大学、台湾交通大学和新加坡国立大学客座院士。她获得了 OSA Nick Holonyak Jr. 奖（2007 年）、IEEE David Sarnoff 奖（2011 年）、联合国教科文组织纳米科学和纳米技术发展奖（2015 年）、IEEE 光子学会 William Streifer 奖科学成就奖（2003 年）、微光学日本应用物理学会微光学奖（2009 年）、DoD Vannevar Bush 教职员奖（2008 年）、冯洪堡基金会研究奖（2009 年）、古根海姆奖学金（2009 年）和大川赏（2018 年）。她当选为 2019 年美国光学学会（OSA）副主席，并成为美国国家工程院院士以及 OSA 和 IEEE 的研究员。

四、朱文武教授团队获 NIPS 2018 AutoML 挑战赛亚军

2018 年 12 月，TBSI 核心科学家朱文武教授团队在 NIPS 2018 自动机器学习挑战赛（AutoML3-Lifelong ML with Concept Drift Challenge）中斩获亚军。该团队在五个测试数据集上取得了 2.4 的平均排名，以 0.2 的排名微小差距惜败于冠军团队。

AutoML，全称为 Automated Machine Learning，是机器学习领域的一个新

兴方向，旨在将整个机器学习的流程自动化，降低数据预处理、特征工程、模型选择、参数调节等环节中的人工成本。随着机器学习系统的日益复杂化，AutoML 得到了产学研各界的广泛关注，已成为人工智能领域最热门的研究方向之一。目前，谷歌、微软、亚马逊等国际巨头均已推出了针对特定场景的 AutoML 系统；许多新兴创业公司，如第四范式、SigOpt 等，也在研发自己的 AutoML 算法和系统。

AutoML 挑战赛作为该领域最高水准的赛事，自 2015 年以来已成功举办三届。2018 年的挑战赛首次登陆 NIPS 这样的顶级机器学习会议，自然吸引了更多优秀团队的关注和参与。本次赛事共有近 300 支队伍参赛，包括了麻省理工学院、加州大学伯克利分校、德州农工大学、清华大学、北京大学等国内外顶尖高校，微软、腾讯、阿里巴巴等科技巨头，Autodidact. ai、Rapids. ai 等新兴创业公司，Auto-sklearn、Auto-keras 等著名 AutoML 开源框架的作者团队。2018 年的赛事题目聚焦于真实应用场景下存在概念迁移的大规模流式数据中的 AutoML 问题，对 AutoML 系统的自适应能力、鲁棒性都提出了较以往比赛更高的要求。

朱文武教授团队介绍：

Meta-Learners 团队由清华大学博士张文鹏、硕士研究生熊铮（清华—伯克利深圳学院）、博士研究生蒋继研组成，由张文鹏担任队长。在本次比赛中，张文鹏负责技术路线的选择和比赛节奏的把控；熊铮负责基础框架、控制模块的构建和部分特征工程；蒋继研负责概念迁移的处理和部分特征工程。

该团队从 2015 年开始关注 AutoML 领域，当时谷歌还没有提出相关概念。最初，张文鹏发现神经网络的调参非常复杂，进而意识到 AutoML 的价值和潜力。朱文武老师也非常认同，果断组建团队开始该领域的研究。在该团队中，熊铮主要关注基于贝叶斯优化的 AutoML 系统，蒋继研则关注 Bandit 方法在 AutoML 中的应用。2017 年，该团队提出了利用强化学习构建决策树模型的元学习算法并发表于 NIPS 2017 的 Meta Learning Workshop，这也是国内相关领域最早的研究成果之一。此外，该团队目前也有布局特征工程、深度学习、计算机视觉、自然语言处理等领域的 AutoML 研究。

第八节　学生科研活动及生活

一、Alberto Maria Pepe 意大利小镇青年的深圳梦

Alberto Maria Pepe（佩佩）是一名来自意大利的国际学生，2018 年 9 月进入清华—伯克利深圳学院（TBSI）攻读数据科学与信息技术方向的硕士学位。在此之前，他只有在上海短暂的一年交流学习经历。

在第一次来到中国之前，佩佩并不了解中国这个文明古国，甚至说不了几句中文。他出生于阿格罗波利（Agropoli），一个意大利南部的海边小镇，这个常住人口只有 2 万人的小镇，靠近著名的庞培古城（Pompei），在他前往意大利第三大城市都灵（Torino）攻读学士学位之前，他几乎没离开过家乡。在都灵理工大学（Politecnico di Torino）本科学习期间，他获得了一次宝贵的机会，前往中国上海的同济大学交流学习一年，正是这段经历，为他打开了中国文化的大门，他渐渐被这个拥有古老文明和创新活力的神奇国度吸引，决定回到中国攻读硕士学位。

选择 TBSI，是因为佩佩喜欢这里的国际化氛围，相比于传统高校，TBSI 没有过多的学科限制，强调交叉学科，学生可以更加自由地选择自己的课程设置。"我的同学们来自不同的文化背景和学科背景，但我们彼此尊重，一起在实验室工作学习，这对工程学科而言是件非常棒的事。"

佩佩对 TBSI 关注产业需求，注重成果转化也十分认可，对新生强化周期间的企业参访记忆尤其深刻，深圳的智能制造和机器人产业发展令他啧啧称赞。在 TBSI，产业合作伙伴与教学研究紧密合作，为国际留学生们提供了一个了解中国乃至全球最先进的技术发展平台。

佩佩在 TBSI 交了许多朋友，包括来自津巴布韦的 Tim、来自印度的 Mamatha、来自韩国的 Lim、来自墨西哥的 Rosario 等，他们经常结伴在香港、澳门等周边城市旅行。酷爱王家卫电影的佩佩，也会因为来到电影拍摄地

打卡而激动不已。当初选择深圳，也是被这里得天独厚的地理优势吸引，佩佩说："我很喜欢深圳的天气，和意大利的气候感觉很相似。这里邻近香港和澳门，经济非常活跃，可以说是中国南方的经济核心区域，文化交流也很多，深圳是一座非常包容开放的城市。如果说意大利和中国的城市类比的话，我觉得深圳给我的感觉更像都灵，城市不大，是重要的商业和贸易中心，科技发展也很迅速。上海给我的感觉很像米兰，而北京就像罗马。"

佩佩一直希望有更多的意大利朋友来到中国，与他一起在 TBSI 学习。他大方地向中国求学的留学生朋友们分享自己的经验："要有自信，不畏惧语言的挑战，更积极地参与在中国的社会生活，最后，好好享受在这儿的时间吧。"

二、博士生连婧获 MobiQuitous 2018 最佳论文

2018 年 11 月 6 日，在美国纽约召开的第 15 届移动和普适系统：计算、网络和服务国际会议晚宴上（MobiQuitous 2018），TBSI 博士生连婧以第一作者完成的论文，"Joint Mobility Pattern Mining with Urban Region Partitions" 获得最佳论文奖（Best Paper Award）。该论文的合作者为 TBSI 博士后李阳、顾维玺，指导教师张林、黄绍伦。

本届 MobiQuitous 会议关注移动和普适系统的多个领域及其交叉融合，包括社交网络、物联网、用户行为模型及算法等。在与会的 45 篇高水平论文中，仅有一篇获评最佳论文。张林教授课题组论文曾于 2016 年 MobiQuitous 会议获最佳论文提名（Best Paper Award Runner-up）。

本次连婧博士的获奖论文通过提取人们共有的、重复的移动模式，回答了一个重要的哲学问题，即人们从何处来、往何处去。理解人们的出行规律、移动模式对于很多应用都有所裨益。对于城市规划者，移动模式可以帮助他们了解不同城区间是如何交互的；对于交通管理者，出行规律可以帮助他们制定合理的公交线路。但传统方法将城市分区和移动模式挖掘分为两步处理，丢失了大量信息。因此，该文章提出了一种新型的人群移动模式挖掘框架，同时对城市进行分区和移动模式提取，以保证最优。他们将两个目标函数转化为一个优化问题进行求解，得到了合理的不重叠出行区域划分。

第八章　总结与展望

　　"全球胜任力"作为一个新的概念，在 2016 年由清华大学首次提出，并作为清华大学培养学生的重要目标之一。这一举措其实体现了当今时代对青年人才的新要求和新期望。随着我国改革开放并逐渐迈入全球化的新时代，跨地区、跨国界、跨文化的交流和合作越来越频繁，与此同时，人类也面临着越来越严峻的环境、能源、数据、安全、健康等共同的挑战，如何培养出能与世界各国学者积极对话，有敏锐的洞察力发现问题，有丰富的创造力解决问题的优秀学者和人才是我国当代大学使命，也是高等教育的价值所在。清华大学针对"全球胜任力"的提升，从认知、个人和人际三个层次提出了六大核心素养，旨在通过培养学生：世界知识与全球议题、语言、开放与尊重、沟通与协作、自觉与自信、道德与责任方面的能力。

　　本书通过实证研究发现，针对这六大核心素养，从教师的角度来看，道德与责任>沟通与协作>自觉与自信>开放与尊重>语言>世界知识与全球议题；而在学生看来，道德与责任>世界知识与全球议题>语言>沟通与协作>开放与尊重>自觉与自信。对"道德和责任"这一核心素养，教师和学生都一致认为是重要和最基础的，也比较难习得和提升。但在高校的传统教育体系中，对这一核心素养的提升课程和活动很有限，还需进一步加强，需增加相关的课程，讲座和实践活动。其他几项核心素养，其中教师和学生的排序有所差异，其中教师希望学生善于"沟通与协作"，有较强的"直觉与自信"，懂得"开放与尊重"，精通"语言"（英语），同时了解一点"世界知识和全球议题"；而学生对"世界知识与全球议题"充满好奇，认为掌握"语言"是关键，希望能与世界很好的"沟通与协作""开放与尊重"，同时自己能拥有"自觉与自信"。两者之间的差异性启发学校在开展"全球胜任力"相关活动时，应广泛听取老师和学生的想法和诉求，找到平衡点，从而开展更有针对性、学生参与度更高的课程和活动。

研究还发现，教师普遍认可本科生与研究生的培养各有侧重点，本科生应打好扎实的知识和语言基础，养成良好的学习习惯，而研究生则应在导师的带领下，充分发挥主观能动性，在继续积累专业知识的同时，要积极发现和捕捉问题，并用合理的方式方法解决问题。从这个角度而言，研究生的"全球胜任力"培养方式也应与本科生的"全球胜任力"有所区分。本书基于广泛的文献研究，依靠清华—伯克利深圳学院的培养模式，对 TBSI 的教师深入访谈，对 TBSI 的学生进行详细的问卷调查，在清华大学提出的六大核心素养基础上，提出了针对研究生"全球胜任力"培养的框架 2.0 版本（见图 8-1），希望通过"批判性和创造性思维""国际化专业能力和国际学术规范""世界领导力和全球使命感""世界通用语言和优秀文化传统"四个方面全面提升研究生的"全球胜任力"，从而在国际学术圈发光发热，用国际的解决方法，处理我们的现实问题，也把我国良好的案例和经验介绍给世界，共同进步、共同发展和共同繁荣。关于这四个培养方向，教师和学生一致认为"批判性和创造性思维"是最重要的，因此应该重点关注和优先考虑开展相关的课程和活动。

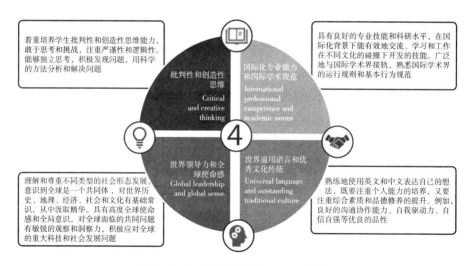

图 8-1　全球胜任力培养框架 2.0 版本

　　基于以上基本框架，TBSI 的教师提议围绕四个方向可以开设相关的课程和跨文化讲座，如批判性思维训练及写作课程、人类学相关知识、优良传统文化和道德规范系列课程及实验室安全规范管理课程；也可以开展丰富多彩的有趣实践活动，如国际学生美食节、走出校门系列活动、世界艺术文化体验兴趣活动，同时应广泛调动学生的积极性和主观能动性，主动参与到组织和互动中来。在教师提议的活动中，最受 TBSI 在校学生欢迎的是国内外文化荟萃类活动，如世界历史、国学、艺术、文化相关的工作坊和讨论会，表现了学生渴望了解全球知识和文化的浓厚兴趣。其次是人类学相关知识和批判性思维及学术写作课程，学生希望了解更多关于人类发展的历史、进程和趋势，同时能有相关的课程让自己的思维保持活跃，懂得学术写作的国际规范。对于实验室安全管理课程，学生并不重视，这更应该引起对高校实验室安全规范管理的高度重视，可以参照国外成体系的实验室安全规范管理培训课程，强制性地要求学生持证上岗，有利于减少实验室事故的发生，提高管理规范。

　　为了进一步了解 TBSI 在校研究生对"全球胜任力"的认识和水平，对学生眼中的"全球胜任力"进行了深入研究，并借用清华大学设计的 12 个场景测试，从模拟的国外生活、学习和工作环境中，测评学生会做怎样的决策。调查问卷显示，TBSI 的学生有 71.8% 在一定程度上了解"全球胜任力"，91.9% 的学生认为"全球胜任力"与技术性的硬实力同等重要，甚至更重要。模拟的场景测试显示，在国际的生活背景下，大部分的学生能够尊重他人的文化和习俗，能较为妥善地处理好和他人的关系，但是部分学生缺乏对自己国家的文化自信心，应加强对我国优秀传统文化的进一步学习和宣传，鼓励学生乐于分享自己的文化。在学习的过程中，学生能比较好的处理课堂中遇到的问题，与同学协作处理好相关任务，但是面对实验室遇到风险问题，有的学生不知所措，甚至不知道自己的某些想法和做法可能会触犯学术底线，因此"国际化专业能力和国际学术规范"的引导是非常有必要的，有利于学生的长期发展。在工作的环境下，学生面临问题的处理方式比较多样化，表现出来的特征是，在大方向上通常没有太多的问题，但是在处理人际关系方面，尤其是和团队负责人的沟通方面，较多学生缺乏尊重、征询和请示的意识，有时基于表现自我而忽视了他人的感受。因此，学校应对学生在真实的职场中，如何处理人际关系方面给予更多的引导，提供更多实习和工作锻炼机会，帮助学生快速融入职场环境。

本书从各个方面探索了研究生这个群体的"全球胜任力"培养的必要性、重要性，结合国内外已有的研究，基于清华—伯克利深圳学院的样本群体进行深入的论述和研究，希望能为学校的老师、学生、领导和政策制定者提供思路，共同探讨和进一步对其进行拓展和研究。清华大学提出的"全球胜任力"和本书提出的研究生"全球胜任力"不仅局限在提高学生全球化适应能力，更是一个全方位的培养和打造计划，不仅是让学生作为一名优秀的青年学者走出去，也是将国际上优秀的成果通过合理的途径引进来，解决我国面临的世界级问题。这需要学生在思维上保持活跃和创造性，拥有世界领导力的文化自信，传承我国的优秀文化传统，并严格遵守国际学术规范，这是我们这一代人源源不断努力的期盼。由于研究的时间较为仓促，没有对国际学生和外籍学者展开进一步的研究，访谈和问卷主要针对国内的教师和学生，但教师均有其他国家学习和工作的经历，作为下一步的研究计划，可以重点对来华学习留学生、来华工作外籍教师展开研究，从他们的角度和亲身经历解读"全球胜任力"，也希望其他学者对来华学习和高校工作的人群给予更多关怀，进一步展开研究。书中如有欠妥的内容，期盼与各界同仁共同探讨和进步。

附　录

一、TBSI 研究生全球胜任力培养教师访谈

1. "全球胜任力"对学生培养的重要性和必要性？

2. 如何评价、排序清华大学提出的六大核心素养？

3. 研究生的全球胜任力是否和本科生的有所差异？各有什么侧重点？

4. 对新提出的针对研究生的全球胜任力培养方案是否认同？如何排序？

5. 如果学院要开展针对研究生全球胜任力的培养和提升，有什么建议？开展哪些活动？

二、TBSI 研究生全球胜任力培养调查问卷

第一部分　全球胜任力培养

个人基本情况：

1. 性别：

A. 男性　B. 女性

2. 年龄：

A. 18 岁以下　B. 18~25 岁　C. 25~30 岁　D. 30 岁以上

3. 最高学历：

A. 大学专科　B. 大学本科　C. 硕士研究生　D. 博士研究生　E. 其他

4. 加入 TBSI 的时间：

A. 1 年及以下　B. 1~2 年　C. 2~3 年　D. 3 年以上

5. 父亲职业：

　A. 企事业单位等机关组织

　B. 专业技术人员

　C. 办事人员和有关人员

　D. 商业、服务人员/农林牧渔和水利生产人员

　E. 生产、运输设备操作人员及其有关人员

　F. 军人

　G. 其他

6. 母亲职业：

　A. 企事业单位等机关组织

　B. 专业技术人员

　C. 办事人员和有关人员

　D. 商业、服务人员/农林牧渔和水利生产人员

　E. 生产、运输设备操作人员及其有关人员

　F. 军人

　G. 其他

7. 家庭年收入（人民币）：

　A. 10 万元以下　　B. 10 万~20 万元　　C. 20 万~30 万元　　D. 30 万元以上

8. 对"全球胜任力"的了解程度为：（1 为完全不了解，5 为非常了解）

　A. 1　　B. 2　　C. 3　　D. 4　　E. 5

9. 相较于技术性的"硬实力"，"全球胜任力"这种软实力，您认为：

　A. 不太重要　　B. 同等重要　　C. 更为重要

10. 清华大学提出的全球胜任力六个核心素养，你认为如何根据重要程度排序？（1~6，1 为最重要，6 为最不重要）

　A. 世界知识与全球议题

　B. 语言

　C. 开放与尊重

　D. 沟通与协作

　E. 自觉与自信

　F. 道德与责任

11. 针对研究生阶段的全球胜任力培养，你认为如何根据重要程度排序？（1~4，1 为最重要，4 为最不重要）

A. 世界公民意识和全球使命感

B. 世界语言和传统文化

C. 批判性和创造性思维

D. 国际化专业能力和修养

E. 其他重要的维度

12. 如果学院开展以下提高全球胜任力的系列活动，

（1）你愿意参加哪些？（多选）

A. 国际美食节（会聚各国美食的学生节）

B. 批判性思维及学术写作课程

C. 实验室安全规范学习课程（含国外暑期课程）

D. 世界艺术串烧体验兴趣课（各国音乐、舞蹈学习体验课）

E. 国内外文化荟萃（如世界历史、国学、艺术、文化 workshop）

F. 人类学的课程（了解人类发展的历史，进程和未来设想）

（2）其他活动建议：

第二部分　全球胜任力测评

本部分情景测试（12 个简单场景，测测你的全球胜任力）

场景一：你在美国求学的过程中参加了一个兼职实习工作，组内是来自不同国家和地区的同事，但主要是美国人，平时你们私下接触并不多。有一次，一个来自加拿大的女生热情地邀请大家去她家里参加 potluck 聚会（每人自带一个菜的家庭聚会），此前你并没有参加过这类活动，不知道该怎么做。你最可能的做法是：（　　　）

A. 不知道该带什么，于是干脆找个理由委婉地推辞不去

B. 迎合西方人口味，带 Pizza 或者 Pasta 一类的菜

C. 为了保险一点，去中餐厅点一些更适合美国人口味的菜，比如左宗棠鸡

D. 热情地向大家推荐正宗中餐，但同时也带了大家都喜欢的 pie

场景二：你在美国参加海外交流项目期间，学校组织了感恩节晚宴的招

待活动。感恩节当晚你被带入一家热情好客的美国当地家庭里，与他们共进晚餐。在与他们见面的时候，你使用你的中文名进行自我介绍，由于你的中文拼音在英文中十分拗口，他们每次称呼你的时候发音都特别别扭，你最后可能的做法是：（　　）

A. 不去纠正，反正名字只是一个代号，可以随他们怎么叫

B. 为了方便大家称呼，让他们改用你的英文名字称呼你

C. 每次他们发音不准时都去纠正

D. 热情地教他们你名字的中文发音，并告诉他们你名字的含义

场景三：你在大学负责一项新的校园交通技术的研发，你发现了一种低成本的方式能够替代原有的公交系统。然而，这个技术存在一些安全问题。通过调查你发现有一些大学已经采用了这项新技术。于是你向每一所大学索要了关于这项新技术安全性的数据。经过分析，你发现新技术的安全性是更低的，但如果其中一所大学的数据被剔除，那么新技术和旧技术的安全性就没有差别了，而此时你的预算已经快要超标，如果实施了新技术，你的预算就能得到平衡。你应该怎么做：（　　）

A. 剔除掉这所学校的数据并推行这项新技术

B. 保留数据，先进行小范围的测试推广以平衡预算

C. 暂时搁置这项新技术的实施，找出不安全因素，并克服之后再进行测试

D. 想办法申请更多经费，改进这项技术，提高新技术的各项性能，即使要花费更多时间和精力

场景四：你在某大型跨国企业中国区下商业智能业务的一个部门实习，目前由你和其他部门一位资历较老的同事合作完成一个报告。在这个项目中，你负责报告撰写，他负责提供数据。在写报告的过程中，你发现他提供的部分数据存在错误，而且在你指出他的错误后，他还极力掩盖不承认。你从其他同事那里了解到他在处理这方面数据上其实经验并没有你多，而且他最近正在接受公司的业务能力考核。但是提交报告的期限就要到了，你最可能做的是：（　　）

A. 与他私下交流，并限期要求他修改错误

B. 寻求他的上级主管的帮助，请他出面解决这个问题

C. 和他私下交流，并表示你愿意完成他负责的数据工作

D. 寻求你的上级主管的帮助，请他出面来解决这个问题

场景五：通过学校组织的交换项目你来到瑞典，下飞机后为了赶紧赶到学校，你选择了公共交通方式。当到达公交车站后，你发现已经有两个人站成了一列，但是他们之间隔了很远，中间完全可以再站 1~2 个人。你应该怎么做：（　　　）

A. 站到第一个人之后

B. 询问第二个人是否也在排队，然后再决定自己的站位

C. 站到第二个身后不远处排队

D. 站到第二个身后并保持一定的排队距离

场景六：你申请到去一个 NGO（非营利组织）机构实习。在那里你加入了一个有着不同文化背景的新团队。工作了一个月以后，你发现团队目前的工作流程十分烦琐而且并不是最优的。此前你有过在国内实习的经历，根据你的经验，你认为工作流程在优化之后，团队能够同时处理更多项目以提高效率，你会怎么做：（　　　）

A. 找到有意愿学习和处理更多项目的同事，通过展示如何优化工作流程来说服他们接受你的建议

B. 在你的项目试行你的工作流程，在几周之后向你的负麦人展示新流程带来的效应

C. 等团队开会的时候讨论一下工作流程问题并分享你的观点和反馈

D. 和团队负责人讨论并告知对方你对于提高内部流程的反馈和观点

场景七：你与一个美国同学一起上了一门研究方法的课程。期间她邀请你帮忙做一个案例的分析。她向你展示了她在处理案例时遵循的方法论并要求你用同样的方式进行分析。但你认为你的方法更有效率，你会怎么做：（　　　）

A. 既然是对方的项目，你会相信她的经验，依照对方的要求根据她的方法完成即可

B. 你决定用你自己的方法更有效地处理这个案例，你会在分析完成之后告诉她

C. 你会根据她的要求按照她的方法完成分析，但告诉她以后可以用更

有效的方法完成分析

D. 在开始做之前，你要和她讨论一下，问问她是否可以使用你的方法

场景八：你在系里的实验室做兼职研究员，有一次教授让你同另外一个实验室的同学合作完成一项跨领域的研究。研究任务很重，你需要一周的时间去完成文献的收集和整理。三天之后，这位同学开始不耐烦并表示你工作效率太低，进度太慢了。此时，你会：（　　）

A. 向同学表达道歉并尽快完成文献整理

B. 请同学避免对你说这么无礼的话

C. 告知同学如果对进度安排有异议，请他/她与教授协商

D. 告诉同学你正在遵循工作程序做事情，这是处理文献工作所需要的标准时间

场景九：你已经在德国的工厂实习工作了一段时间，马上就要回国了。在实习期结束之前工厂结算工资的时候你发现给你的工资算错了。当你跟你直属领导反映的时候，却被对方否认了。你会：（　　）

A. 当场跟领导争论，要求对方重新结算

B. 不想继续争吵下去，将此事放下

C. 告诉同事，希望他们能帮自己说服领导

D. 不直接制造冲突，之后向总公司联系，说明事情原委，请求重新结算

场景十：你参加了学校组织的为期一年的柏林某大学交换项目。虽然你在出国前参加了语言培训班，通过了德福考试，但这是你第一次进入纯粹的德语环境中，你的口语表达能力还很薄弱。在你参加的一门研讨课上，同学积极踊跃地发言，这时你最可能的做法是：（　　）

A. 埋头做笔记，完全不参与讨论

B. 选择用英语参与讨论

C. 课后单独和老师讨论

D. 充分预习，提前准备，争取织极参与课堂讨论

三、TBSI 研究生全球胜任力培养调查问卷结果

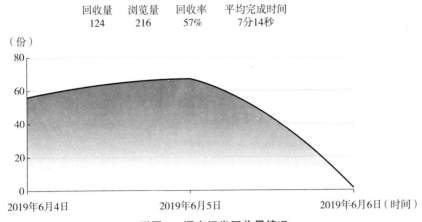

回收量	浏览量	回收率	平均完成时间
124	216	57%	7分14秒

附图 1　调查问卷回收量情况

附表 1　TBSI 研究生全球胜任力培养调查问卷结果

1. 您的性别	小计	百分比（%）
A. 男	72	58.1
B. 女	52	41.9
2. 您的年龄	小计	百分比（%）
A. 18 岁以下	0	0
B. 18~25 岁	76	61.3
C. 25~30 岁	46	37.1
D. 30 岁以上	2	1.6
3. 您的最高学历	小计	百分比（%）
A. 大学专科	0	0
B. 大学本科	12	9.7
C. 硕士研究生在读	72	58.1
D. 博士研究生在读	40	32.3
E. 其他	0	0
4. 您已加入 TBSI 的时间	小计	百分比（%）
A. 1 年及以下	62	50
B. 1~2 年	28	22.6

续表

C. 2~3 年	31	25
D. 3 年以上	3	2.4
5. 您父亲的职业	小计	百分比（%）
A. 企事业单位等机关组织	54	43.6
B. 专业技术人员	10	8.1
C. 办事人员和有关人员	5	4
D. 商业、服务人员/农林牧渔和水利生产人员	23	18.6
E. 生产、运输设备操作人员及其有关人员	6	4.8
F. 军人	2	1.6
G. 其他	24	19.4
6. 您母亲的职业	小计	百分比（%）
A. 企事业单位等机关组织	49	39.5
B. 专业技术人员	7	5.7
C. 办事人员和有关人员	3	2.4
D. 商业、服务人员/农林牧渔和水利生产人员	24	19.4
E. 生产、运输设备操作人员及其有关人员	5	4
F. 军人	0	0
G. 其他	36	29
7. 您家庭的年收入	小计	百分比（%）
A. 10 万元以下	39	31.5
B. 10 万~20 万元	50	40.3
C. 20 万~30 万元	18	14.5
D. 30 万元以上	17	13.7
8. 对"全球胜任力"的了解程度，是否听说过？	小计	百分比（%）
A. 完全不了解	35	28.2
B. 了解一点	79	63.7
C. 非常了解	10	8.1
9. 相较于技术性的"硬实力"，"全球胜任力"这种软实力，您认为	小计	百分比（%）
A. 不太重要	10	8.1
B. 同等重要	94	75.8
C. 更为重要	20	16.1

10. 清华大学提出的全球胜任力六个核心素养，您认为如何根据重要程度排序？	排序第一	排序第二
A. 世界知识与全球议题	29	13
B. 语言	21	23
C. 开放与尊重	16	28
D. 沟通与协作	19	24
E. 自觉与自信	8	21
F. 道德与责任	31	15
11. 针对研究生阶段的全球胜任力培养，您认为如何根据重要程度排序？	排序第一	排序第二
A. 世界议题和全球使命感	39	29
B. 世界语言和传统文化	12	31
C. 批判性和创造性思维	55	23
D. 国际化专业能力和修养	18	41
12. 如果学院开支以下提高全球胜任力的系列活动，您愿意参加哪些？	小计	百分比（%）
A. 国际美食节（会聚各国美食的学生节）	73	58.9
B. 批判性思维及学术写作课程	77	62.1
C. 实验室安全规范学习课程（含国外暑期课程）	30	24.2
D. 世界艺术串烧体验兴趣课（各国音乐、舞蹈学习体验课）	71	57.3
E. 国内外文化荟萃（如世界历史、国学、艺术、文化 workshop）	97	78.2
F. 人类学的课程（了解人类发展的历史，进程和未来设想）	80	64.5
G. 其他_____	5	4
13. 场景一：你在美国求学的过程中参加了一个兼职实习工作，组内是来自不同国家和地区的同事，但主要是美国人，平时你们私下接触并不多。有一次，一个来自加拿大的女生热情地邀请大家去她家里参加 potluck 聚会（每人自带一个菜的家庭聚会），此前你并没有参加过这类活动，不知道该怎么做。你最可能的做法是：	小计	百分比（%）
A. 不知道该带什么，于是干脆找个理由委婉地推辞不去	4	3.2
B. 迎合西方人口味，带 Pizza 或者 Pasta 一类的菜	8	6.5

C. 为了保险一点，去中餐厅点一些更合适美国人口味的菜，比如左宗棠鸡	19	15.3
D. 热情地向大家推荐正宗中餐，但同时也带了大家都喜欢的 pie	93	75
14. 场景二：你在美国参加海外交流项目期间，学校组织了感恩节晚宴的招待活动。感恩节当晚你被带入一家热情好客的美国当地家庭里，与他们共进晚餐。在与他们见面的时候，你使用你的中文名进行自我介绍，由于你的中文拼音在英文中十分拗口，他们每次称呼你的时候发音都特别别扭，你最后可能的做法是：	小计	百分比（%）
A. 不去纠正，反正名字只是一个代号，可以随他们怎么叫	11	8.9
B. 为了方便大家称呼，让他们改用你的英文名字称呼你	38	30.7
C. 每次他们发音不准时都去纠正	0	0
D. 热情地教他们你名字的中文发音，并告诉他们你名字的含义	75	60.5
15. 场景三：你在大学负责一项新的校园交通技术的研发，你发现了一种低成本的方式能够替代原有的公交系统。然而，这个技术存在一些安全问题。通过调查你发现有一些大学已经采用了这项新技术。于是你向每一所大学索要了关于这项新技术安全性的数据。经过分析，你发现新技术的安全性是更低的，但如果其中一所大学的数据被剔除，那么新技术和旧技术的安全性就没有差别了，而此时你的预算已经快要超标，如果实施了新技术，你的预算就能得到平衡。你应该怎么做：	小计	百分比（%）
A. 剔除掉这所学校的数据并推行这项新技术	0	0
B. 保留数据，先进行小范围的测试推广以平衡预算	33	26.6
C. 暂时搁置这项新技术的实施，找出不安全因素，并克服之后再进行测试	26	21
D. 想办法申请更多经费，改进这项技术，提高新技术的各项性能，即使要花费更多时间和精力	65	52.4
16. 场景四：你在某大型跨国企业中国区下商业智能业务的一个部门实习，目前由你和其他部门一位资历较老的同事合作完成一个报告。在这个项目中，你负责报告撰写，他负责提供数据。在写报告的过程中，你发现他提供的部分数据存在错误，而且在你指出他的错误后，他还极力掩盖不承认。你从其他同事那里了解到他在处理这方面数据上其实经验并没有你多，而且他最近正在接受公司的业务能力考核。但是提交报告的期限就要到了，你最可能做的是：	小计	百分比（%）
A. 与他私下交流，并限期要求他修改错误	35	28.2

	小计	百分比（%）
B. 寻求他的主管上级的帮助，请他出面解决这个问题	10	8.1
C. 和他私下交流，并表示你愿意完成他负责的数据工作	37	29.8
D. 寻求你的主管上级的帮助，请他出面来解决这个问题	42	33.9
17. 场景五：通过学校组织的交换项目你来到瑞典，下飞机后为了赶紧赶到学校，你选择了公共交通方式。当到达公交车站后，你发现已经有两个人站成了一列，但是他们之间隔了很远，中间完全可以再站1~2个人。你应该：	小计	百分比（%）
A. 站到第一个人之后	1	0.8
B. 询问第二个人是否也在排队，然后再决定自己的站位	92	74.2
C. 站到第二个人身后不远处排队	6	4.8
D. 站到第二个人身后并保持一定的排队距离	25	20.2
18. 场景七：你申请到去一个NGO（非营利组织）机构实习。在那里你加入了一个有着不同文化背景的新团队。工作了一个月以后，你发现团队目前的工作流程十分烦琐而且并不是最优的。此前你有过在国内实习的经历，根据你的经验，你认为工作流程在优化之后，团队能够同时处理更多项目以提高效率，你会怎么做：	小计	百分比（%）
A. 找到有意愿学习和处理更多项目的同事，通过展示如何优化工作流程来说服他们接受你的建议	23	18.6
B. 在你的项目试行你的工作流程，在几周之后向你的负责人展示新流程带来的效应	24	19.4
C. 等团队开会的时候讨论一下工作流程问题并分享你的观点和反馈	38	30.7
D. 和团队负责人讨论并告知对方你对于提高内部流程的反馈和观点	39	31.5
19. 场景八：你与一个美国同学一起上了一门研究方法的课程。期间她邀请你帮忙做一个案例的分析。她向你展示了她在处理案例时遵循的方法论并要求你用同样的方式进行分析。但你认为你的方法更有效率，你会怎么做？	小计	百分比（%）
A. 既然是对方的项目，你会相信她的经验，依照对方的要求根据她的方法完成即可	5	4
B. 你决定用你自己的方法更有效地处理这个案例，你会在分析完成之后告诉她	9	7.3

	小计	百分比（%）
C. 你会根据她的要求按照她的方法完成分析，但告诉她以后可以用更有效的方法完成分析	17	13.7
D. 在开始做之前，你要和她讨论一下，问问她是否可以使用你的方法	93	75
20. 场景九：你在系里的实验室做兼职研究员，有一次教授让你同另外一个实验室的同学合作完成一项跨领域的研究。研究任务很重，你需要一周的时间去完成文献的收集和整理。三天之后，这位同学开始不耐烦并表示你工作效率太低，进度太慢了。此时，你会：	小计	百分比（%）
A. 向同学表达道歉并尽快完成文献整理	20	16.1
B. 请同学避免对你说这么无礼的话	3	2.4
C. 告知同学如果对进度安排有异议，请他/她与教授协商	11	8.9
D. 告诉同学你正在遵循工作程序做事情，这是处理文献工作所需要的标准时间	90	72.6
21. 场景十：你已经在德国的工厂实习工作了一段时间，马上就要回国。在实习期结束之前工厂结算工资的时候你发现给你的工资算错了。当你跟你直属领导反映的时候，却被对方否认了。你会：	小计	百分比（%）
A. 当场跟领导争论，要求对方重新结算	7	5.7
B. 不想继续争吵下去，将此事放下	3	2.4
C. 告诉同事，希望他们能帮自己说服领导	3	2.4
D. 不直接制造冲突，之后向总公司联系，说明事情原委，请求重新结算	111	89.5
22. 场景十一：你参加了学校组织的为期一年的柏林某大学交换项目。虽然你在出国前参加了语言培训班，通过了德福考试，但这是你第一次进入纯粹的德语环境中，你的口语表达能力还很薄弱。在你参加的一门研讨课上，同学积极踊跃地发言，这时你最可能的做法是：	小计	百分比（%）
A. 埋头做笔记，完全不参与讨论	3	2.4
B. 选择用英语参与讨论	11	8.9
C. 课后单独和老师讨论	5	4
D. 充分预习，提前准备，争取织极参与课堂讨论	105	84.7

参考文献

［1］ Hanvey, R. G. An attainable global perspective ［C］. The American Forum for Global Education , 2004.

［2］ Baumgratz, G. Language, culture and global competence: An essay on ambiguity ［J］. European Journal of Education, 1995, 30 (4): 437-447.

［3］ Conner, J. Developing the global leaders of tomorrow ［J］. Human Resource Management, 2010, 39 (2-3): 147-157.

［4］ Lohmann, J. R. , Rollins, H. A. , Joseph Hoey, J. Defining. Developing and assessing global competence in engineers ［J］. European Journal of Engineering Education, 2006, 31 (1): 119-131.

［5］ Mansilla, V. B. , Jackson, A. , Jacobs, I. H. Educating for global competence: Learning redefined for an interconnected world ［M］. New York: Solution Tree Press, 2006.

后 记

在朋友和同事的鼓励下、家人和编辑的鞭策中，催生了这弱不禁风的，其貌不扬的总结回顾式独撰本。本书一路写来，歇歇停停，直到不完美收官，要感谢和感恩很多人，暂且罗列如下：

首先感谢帮我写书评的 6 位专家学者，第一位要感谢的是清华大学名誉博士，2017 年图灵奖获得者——友善且爽朗的大卫·帕特森。他是美国国家工程院、美国国家科学院和美国艺术与科学学院三院院士，体系结构领域的顶级宗师。坊间流传，我是他第一个写书评的东方女性，内容如下：

Tsinghua–Berkeley Shenzhen Institute（TBSI）not only carries the profound heritage of Tsinghua University and the University of California, Berkeley, but also gives them new meanings by becoming an important link between the Guangdong–Hong Kong–Macao Greater Bay Area and the San Francisco Silicon Valley Bay Area.

As a founding employee of TBSI, Annie has witnessed its ups and downs.

Taking TBSI as a real case through Annie's practical and penetrating perspectives, this book is unique and approachable in the field of global competence research.

第二位要感谢的是伯克利加州大学前校长尼古拉斯·德克斯，他时任校长的日子里，见证了清华—伯克利深圳学院（TBSI）从无到有，不断成长、发展和壮大的全过程，他辨识度极高的外貌和永远笑眯眯的表情令人过目难忘，他给我写的书评如下：

The Tsinghua Berkeley Shenzhen Institute（TBSI）was the product of the commitment on the part of the leadership at the University of California, Berkeley, and Tsinghua University, Beijing, to find new ways to use global collaboration to advance research and knowledge development for the betterment of the world.

Building on the research excellence of these two great institutions of higher education—the finest public universities in the United States and China—the new Institute also became a site for linking the important San Francisco Bay Area research and innovation infrastructure with the Guangdong–Hong Kong–Macao Greater Bay Area. As a founding employee of the TBSI, Annie has witnessed the birth and growth of this collaboration. Using this experience as a case study, the book provides a unique and important account of a major effort to foster global collaboration in research.

第三位要感谢的是清华大学苏世民学院的杰出访问学者，德国埃尔福特大学终身教授卡斯顿·卡斯巴瑞。卡斯顿教授有一个他自己特别喜欢的中文名字叫何梦笔，我2011年5月在法兰克福中央财经大学做访问学者的时候，他曾是我的合作导师。德国后裔的他是8个孩子的父亲，也是一个中国通，从中国美食到语言，服装和文化，样样精通，各种俚语和俗语信口拈来。他认识汉字，利用2个多月的时间读了我这本书的初稿，帮我写了如下书评：

This book is a stimulating and highly informative case study of developing global competences of graduate students in China. Written by an insider and based on surveys among teachers and students, the book gives a detailed picture of processes, experiences and results of internationalizing graduate education at one of the leading universities in China. It is a must-read for educators and researchers in comparative research on globalizing universities.

第四位要感谢的是法国 INSEEC 教育集团董事阿兰·塞纳内施博士。Alain 博士是我的忘年交，犹太后裔的他善解人意，体贴绅士，永远都是优质的话聊伙伴和美食家，虽然他年底要从 INSEEC 教育集团（法国的四大精英教育集团之一）退休，但他在 INSEEC 教育集团历史上前无古人的丰功伟绩永远都值得讴歌赞颂和值得浓墨重彩地讴歌和赞颂，他给我写的书评如下：

Dr. Yan SONG (Annie), vividly shows the predominance of global competence for these new generations of students who will have to deal with this globalized economy.

It shows the new managers of tomorrow, those who will transcend their own culture and history. Understanding the world, making citizens happy, corporate perform-ance is not just a book, it is a message of hope, optimism and the way forward, for the talents of tomorrow.

第五位要感谢的是新西兰皇家科学院院士彼得·洛比，他是一个有着强烈中国情结的新西兰人，当年义无反顾地离开新加坡国立大学加入到 TBSI 的创业中来，重组了 TBSI 的三中心和 6 个实验室。他致力于研究癌症的靶向治疗，特别是在肿瘤相关生长因子的致癌机制中做出了开创性研究。他给我写的书评如下：

Cross-border and cross-cultural co-operation and exchanges are becoming ever more frequent with global economic integration. There is a continual demand for distinguished intellectuals with deep insights, creativity and the ability to truly talk to the world. This commendable book has contributed positive and helpful sugges-tions in this regard.

同样要感谢的是我的同事李敏辉，她帮我做了很多书稿的基础工作，还有吴曦，在书稿的校对过程中，付出了很多努力，当然还有余飞慧，给我提供了有温度的素材。

特别要感谢清华大学副校长、教务长杨斌教授，正是他春风化雨润物细无声的鼓励使得每每想要放弃的我最终还是坚持完成了本书的写作。

真诚感谢我的家人，他们营造了宁静的空间让我独享码字的快乐而丝毫没有缺少陪伴家人的罪恶感。

智者常怀感恩之心，谁说的，真好。

宋　岩
清华大学教育经济学博士后
清华—伯克利深圳学院院长助理
2020 年 10 月于南国清华园